U0840242

大夏书系·名家经典

人生第一课

——民国名家忆家庭教育

王木春 主编

华东师范大学出版社

全国百佳图书出版单位

图书在版编目（CIP）数据

人生第一课：民国名家忆家庭教育 / 王木春 主编 . —上海：华东师范大学出版社，2016

ISBN 978-7-5675-5704-8

Ⅰ . ①人 ... Ⅱ . ①王 ... Ⅲ . ①家庭教育—中国—民国—文集 Ⅳ . ① G789.2-53

中国版本图书馆 CIP 数据核字（2016）第 223758 号

大夏书系 · 名家经典

人生第一课：民国名家忆家庭教育

主　　编　王木春
策划编辑　朱永通
审读编辑　齐凤楠
封面设计　戚开刚

出版发行　华东师范大学出版社
社　　址　上海市中山北路 3663 号　邮编　200062
网　　址　www.ecnupress.com.cn
电　　话　021－60821666　　行政传真　021－62572105
客服电话　021－62865537
邮购电话　021－62869887　　地址　上海市中山北路 3663 号华东师范大学校内先锋路口
网　　店　http：//hdsdcbs.tmall.com

印 刷 者　北京季蜂印刷有限公司
开　　本　700 × 1000　16 开
插　　页　1
印　　张　15.5
字　　数　210 千字
版　　次　2017 年 2 月第一版
印　　次　2021 年 4 月第二次
印　　数　6 101-7 100
书　　号　ISBN 978－7－5675－5704－8 / G · 9830
定　　价　36.00 元

出 版 人　王　焰

目　录

学者卷

教育家卷

科学家卷

艺术家卷

重温良好的家教传统·自序

民国是中国近代以来最激烈动荡的时期，也是名家辈出的一个大时代。名家的集体涌现，是历史、时运、家庭与个人“众缘聚合”的产物，然而，在我看来，家庭教育——作为每个人的“人生第一课”，其作用始终是举足轻重的。在《胡适四十自述》中，他说:“我在我母亲的教训之下住了九年，受了她的极大深刻的影响。我十四岁（其实只有十二岁零两三个月）就离开她了，在这广漠的人海里独自混了二十多年，没有一个人管束过我。如果我学得了一丝一毫的好脾气，如果我学得了一点点待人接物的和气，如果我能宽恕人，体谅人，——我都得感谢我的慈母。”在胡适一生的处世态度中，家庭教育给他刻下的印痕清晰可见。

家庭的影响，犹如胎记，伴随人的终生。一个人的健康成长，究竟需要怎样的家庭教育？或者说，究竟是什么构成良好的家庭教育？我从书中56位民国名家的亲身经历中，提炼出以下四个方面的特征，试着解答这一问题。

一是，好家风的熏陶濡染。家风，不是教科书，不是课堂，也不是父母时刻的耳提面命，更不是挥舞的棍棒，但它却像空气一样，具有强大而持久的渗透力，影响力往往胜过其他有形的教育手段。史学家柳诒徵出身于书香门第，高祖、叔祖等都是饱学之士，外祖父鲍家也是镇江世族。外祖父好饮酒讲故事，每晚饮酒，就和子女们闲聊家族先辈的陈年旧事与诗文道德，以及当地许多名人的掌故。幼时的柳诒徵，坐在外祖旁边听他谈话，得到不少知识，并立志“做一个人才，不愧我柳、鲍二家的先德”。柳诒徵后来成为一代史学大家，和早年的家庭熏陶息息相关。

普通人家也有好家风。科学家钱伟长幼年家境清苦，但每逢寒暑假，父亲和叔父们相继回家，便一起“舞文弄墨”，下棋和演奏音乐，“一到晚饭后，每天有一小时的音乐活动，父亲善琵琶和笙，四叔善箫，六叔好笛，八叔拉一手好二胡”。钱伟长说自己“就在琴棋书画的文化环境中受尽了华夏文化的陶冶”。长大后，钱伟长没有走上文史或艺术之路，但其乐融融的家庭氛围以及长辈们的好榜样，也是一种教育，启迪他“懂得要洁身自好，刻苦自励，胸怀坦荡，积极求知，安贫正派”。

二是，先学做人，后学做事。孔子说：“弟子，入则孝，出则悌，谨而信，泛爱众，而亲仁。行有余力，则以学文。”可见，凡事先学做人，乃中国千年的古训。考古学家贾兰坡小时家境殷实，但母亲要求他的穿戴不能与其他孩子有区别，“只比别的孩子多件内褂和内裤，外表仍是粗布衣裤”。别家的孩子在玩的时候都背着扒篓，边玩边拾柴，母亲也让他背一个，不在乎拾多少柴，就是不能比别人家的小孩有特殊感。母亲的教导影响了贾兰坡一生的为人原则：“对待他人，不管职位高低，都能一视同仁。”

如何待人是做人的一个方面，可仅有它是不够的，还要做“大写的人”。齐白石小时候，家乡附近来了官员，大家趋之若鹜去围观，唯独齐白石颇为不屑，不愿前往凑热闹，旁人很不理解，母亲却赞扬他“有志气！”抗战期间，北平沦陷，早已出名的齐白石为对付日寇及汉奸的索画，贴出“画不卖与官家”的公告，谢绝见客。这种气节，源自当年母亲的影响。

刘海粟的母亲知书达礼，是清末文学家洪亮吉的小孙女。母亲多次讲祖父洪亮吉和诗人黄仲则生死不渝的友情故事，然后说：“士必先器识而后文艺。……无品而艺稍高，如扬素……终为人品所累，为人不齿。对贫苦朋友要处处关心……只图自己锦衣玉食、胁肩谄笑于权贵之门，趋奉惟恐不及，忘却生灵涂炭、同胞辗转沟壑者，最可耻。”母亲这番教导，作用深远，八十多年后，刘海粟在回忆中写道：“我的足迹也到过日本、印尼……见过很多学者、艺术家、政治家、科学家，读过古今中外很多格言。惟有母亲这段誓言，深深地刻在心上，每当大的考验压到肩上时，这声音就特别洪亮、亲切。”

今天有些家长，唯分数是求，罔顾子女的做人训练，甚至从小灌输一套“世故”哲学，不由令人感慨。

三是，思想开明，见识高远。子女是家长的影子。家长的思想格局，常常限定着孩子的一生——能走多远。作家张允和的父亲张冀牖是一位教育家，爱书成癖，中外书籍都有。上世纪二十年代左右，他为了让更多的孩子，尤其是女孩子接触新思想，接受新生活，开始办了幼儿园，接着创办苏州乐益女中。他给几个女儿取名为元和、允和、兆和、充和，“名字都带两条腿”，希望她们不要像那个时代被禁锢在家里的普通女子，而是能迈开双腿，走向社会。在他的培养下，四个女儿都各有成就，成为著名的“合肥四姐妹”。历史学家顾颉刚的祖母张氏，文化不高，在教育孙子方面却极有眼光。辛亥革命前后，富裕的苏州人大多养尊处优、满足现状，不肯远离本地向外发展。张氏却与众不同，她鼓励顾颉刚去外面见世面，理由是：“男孩子是该让他出出远门的。”张冀牖身为教育家，他的眼界开阔是可以理解的，而作为普通家庭妇女的张氏，竟有着高于同时代人的见识，不得不令人刮目相看。

在编选书稿的过程中，我发现，许多民国名家的长辈，其教育理念既根植于中国的教育传统，又富有新时代的气息。某种角度说，他们更是一群具有现代眼光的人。这眼光，又决定了他们在教育子女时所采取的方法。

四是，尊重天性。历史学家周一良的父亲是著名实业家，又爱搜集文物字画等等。这种嗜好与修养，使子女们从小耳濡目染。但是，父亲对于子女的专业选择一概不加干涉，任由他们按照自己的兴趣去发展，十个子女竟都从事于文史、科学、技术、教育等领域的工作，没一个去搞实业。年轻时的梁漱溟非常有个性和主见，他一阵子想从事革命，一阵子要当和尚，父亲梁济一概任由他，让他走自己的路。正是这种“不干涉”“任由他”，成全了周一良和梁漱溟，因此梁漱溟说：“就在他（父亲）不干涉之中，成就了我的自学。”今天，一些家长喜欢把个人意愿强加于子女的头上，以至造成了教育上的“错位”乃至酿成悲剧，其原因是家长的自私与专制，又跟他们教育方法上存在误区有关。对此，周一良的父亲和梁漱溟的父亲的做法尤其值得借鉴。

另外，名家的长辈们在教育子女时，还注重培养子女的习惯、关注细节、注意身教等等，这些在名家们的回忆中，均有生动具体的记述。必须提醒一点：这些方法并非放诸四海而皆准的真理。——事实上，任何教育方法，都离不开具体的人和环境。我希望，读者阅读这本书，是去感受家庭故事中的美好，领悟家庭教育背后的规律，丰富个人的教育智慧，而不是把其中的某个方法当成教条，或亦步亦趋，或邯郸学步。

王木春

2017 年 1 月 5 日于福建东山岛

作家卷

冰心（1900—1999）

原名谢婉莹，现代著名诗人、作家、翻译家、儿童文学家。福建长乐人。主张爱的哲学。著有小说集《超人》，诗集《春水》《繁星》，散文集《寄小读者》《小桔灯》等。

我的童年

◆冰　心

提到童年，总使人有些向往，不论童年生活是快乐，是悲哀，人们总觉得都是生命中最深刻的一段；有许多印象，许多习惯，深固的刻划在他的人格及气质上，而影响他的一生。

我的童年生活，在许多零碎的文字里，不自觉的已经描写了许多，当曼瑰对我提出这个题目的时候，我还觉得有兴味，而欣然执笔。

中年的人，不愿意再说些情感的话，虽然在回忆中充满了含泪的微笑，我只约略的画出我童年的环境和训练，以及遗留在我的嗜好或习惯上的一切，也许有些父母们愿意用来作参考。

先说到我的遗传：我的父亲是个海军将领，身体很好，我从不记得他在病榻上躺着过。我的祖父身体也很好，八十六岁无疾而终。我的母亲却很瘦弱，常常头痛，吐血——这吐血的症候，我也得到，不是肺结核，而是肺气枝涨大，过劳或操心，都会发作——因此我童年时代记忆所及的母亲，是个极温柔，极安静的女人，不是作活计，就是看书，她的生活是非常恬淡的。

虽然母亲说过，我在会吐奶的时候，就吐过血，而在我的童年时代，并不曾发作过，我也不记得我那时生过什么大病，身体也好，精神也活泼，于是那七八年山陬海隅的生活，我多半是父亲的孩子，而少半是母亲的女儿！

在我以先，母亲生过两个哥哥，都是一生下就夭折了，我的底下，还死去一个妹妹。我的大弟弟，比我小六岁。在大弟弟未生之前，我在家里是个独子。

环境把童年的我，造成一个“野孩子”，丝毫没有少女的气息。我们的家，总是住近海军兵营，或海军学校。四围没有和我同年龄的女伴，我没有玩过“娃娃”，没有学过针线，没有搽过脂粉，没有穿过鲜艳的衣服，没有戴过花。

反过来说，因着母亲的病弱，和家里的冷静，使得我整天跟在父亲的身边，参加了他的种种工作与活动，得到了连一般男子都得不到的经验。为一切方便起见，我总是男装，常着军服。父母叫我“阿哥”，弟弟们称呼我“哥哥”，弄得后来我自己也忘其所以了。

父亲办公的时候，也常常有人带我出去，我的游踪所及，是旗台，炮台，海军码头，火药库，龙王庙。我的谈伴是修理枪炮的工人，看守火药库的残废兵士，水手，军官，他们多半是山东人，和蔼而质朴，他们告诉我以许多海上新奇悲壮的故事。有时也遇见农夫和渔人，谈些山中海上的家常。那时除了我的母亲和父亲同事的太太们外，几乎轻易见不到一个女性。

四岁以后，开始认字。六七岁就和我的堂兄表兄们同在家里读书。他们比我大了四五岁，仍旧是玩不到一处，我常常一个人走到山上海边去。那是极其熟识的环境，一草一石，一沙一沫，我都有无限的亲切。我常常独步在沙岸上，看潮来的时候，仿佛天地都飘浮了起来！潮退的时候，仿佛海岸和我都被吸卷了去！童稚的心，对着这亲切的“伟大”，常常感到怔忡。黄昏时，休息的军号吹起，四山回响，声音凄壮而悠长，那熟识的调子，也使我莫名其妙的要下泪，我不觉得自己的“闷”，只觉得自己的“小”。

因着没有游伴，我很小就学习看书，得了个“好读书，不求甚解”的习惯。我的老师很爱我，常常教我背些诗句，我似懂似不懂的有时很能欣赏。比如那“前不见古人，后不见来者，念天地之悠悠，独怆然而涕下。”我独立山头的时候，就常常默诵它。

离我们最近的城市，就是烟台，父亲有时带我下去，赴宴会，逛天后宫，或是听戏。父亲并不喜听戏，只因那时我正看《三国》，父亲就到戏园里点戏给我听，如《草船借箭》《群英会》《华容道》等。看见书上的人物，走上舞台，虽然不懂得戏词，我也觉得很高兴。所以我至今还不讨厌京戏，而且我喜听须生，花脸，黑头的戏。

再大一点，学会了些精致的淘气，我的玩具已从铲子和沙桶，进步到蟋蟀罐同风筝，我收集美丽的小石子，在磁缸里养着，我学作诗，写章回小说，但都不能终篇，因为我的兴趣，仍在户外，低头伏案的时候很少。

父亲喜欢种花养狗，公余之暇，这是他唯一的消遣。因此我从小不怕动物，对于花木，更有普遍的爱好。母亲不喜欢狗，却也爱花，夏夜我们常常在豆棚花架下，饮啤酒，汽水，乘凉。母亲很早就进去休息，父亲便带我到旗台上去看星，他指点给我各个星座的名称和位置。他常常说：“你看星星不是很多很小，而且离我们很远么？但是我们海上的人一时都离不了它。在海上迷路的时候看见星星就如同看见家人一样。”因此我至今爱星甚于爱月。

父亲又常常带我去参观军舰，指点给我军舰上的一切，我只觉得处处都是整齐，清洁，光亮，雪白；心里总有说不出的赞叹同羡慕。我也常得亲近父亲的许多好友，如萨镇冰先生，黄赞侯先生——民国第一任海军部长黄钟瑛上将——他们都是极严肃，同时又极慈蔼，生活是那样纪律，那样恬淡，他们也作诗，同父亲常常唱和，他们这一班人是当时文人所称为的“裘带歌壶，翩翩儒将”。我当时的理想，是想学父亲，学父亲的这些好友，并不曾想到我的“性”阻止了我作他们的追随者。

这种生活一直连续到了十一岁，此后我们回到故乡——福州——去，生活起了很大的转变。我也不能不感谢这个转变！十岁以前的训练，若再继续下去，我就很容易变成一个男性的女人，心理也许就不会健全。因着这个转变，我才渐渐的从父亲身边走到母亲的怀里，而开始我的少女时期了。

童年的印象和事实，遗留在我的性格上的，第一是我对于人生态度的严肃，我喜欢整齐，纪律，清洁的生活，我怕看怕听放诞，散漫，松懈的一切。

第二是我喜欢空阔高远的环境，我不怕寂寞，不怕静独，我愿意常将自己消失在空旷辽阔之中。因此一到了野外，就如同回到了故乡，我不喜城居，怕应酬，我没有城市的嗜好。

第三是我不喜欢穿鲜艳颜色的衣服，我喜欢的是黑色，蓝色，灰色，白色。有时母亲也勉强我穿过一两次稍为鲜艳的衣服，我总觉得很忸怩，很不自然，穿上立刻就要脱去，关于这一点，我觉得完全是习惯的关系，其实在美好的品味之下，少女爱好天然，是应该“打扮”的！

第四是我喜欢爽快，坦白，自然的交往。我很难勉强我自己做些不愿意做的事，见些不愿意见的人，吃些不愿意吃的饭！母亲常说这是“任性”之一种，不能成为“伟大”的人格。

第五是我一生对于军人普遍的尊敬，军人在我心中是高尚，勇敢，纪律的结晶。关系军队的一切，我也都感兴趣。

说到童年，我常常感谢我的好父母，他们养成我一种恬淡，“返乎自然”的习惯，他们给我一个快乐清洁的环境，因此，在任何环境里都能自足，知足。我尊敬生命，宝爱生命，我对于人类没有怨恨，我觉得许多缺憾是可以改进的，只要人们有决心，肯努力。

这不是一件容易事，因为生命是一张白纸，他的本质无所谓痛苦，也无所谓快乐。我们的人生观，都是环境形成的。相信人生是向上的人，自己有了勇气，别人也因而快乐。

我不但常常感念我的父母，我也常常警惕我们应当怎样做父母。

一九四二年三月二十七日，歌乐山。

（本篇最初发表于1942年4月《妇女新运》第4卷第4期。）

选自卓如编《冰心全集3》，福州：海峡文艺出版社，1999.04。

陈衡哲 (1890—1976)

祖籍湖南衡山。新文化运动中最早的女学者、作家、诗人，也是我国第一位女教授，有“一代才女”之称。著有《小雨点》《衡哲散文集》《文艺复兴史》《西洋史》及《一个中国女人的自传》等。

早年的教育和环境

◆ 陈衡哲

在感情生活上，我的童年一点都不值得羡慕；但在智育方面，能拥有我那样的早期环境是非常幸运的。

我的童年充其量是个忧伤的童年。我总是不快乐，特别是因为我是个敏感的孩子，没有一个长辈理解我。父亲觉得我是个怪孩子，虽然他有时候因为我的聪明而高兴。他还常常因为一点小事很不公平地严厉责罚我。母亲是个和气的人，但我并不是她最宠的孩子。由此证明中国的一句俗语：“老幺宝贝老大好，只有老二是棵草。”她对我不满意的时候，很多时候只是对我冷眼相看，漠不关心，但对我这个敏感的孩子来说，这比父亲的打骂更难忍受。

但奇怪的是，在很多事情上父母亲都更爱找我。父亲几乎让我为他做所有的小事：捆书，在他写字时为他压纸，夏天给他打扇，为他捶腿脚等等，可能因为他觉得我比我的姐妹或佣人更聪明吧。母亲因为同样的原因也让我帮她很多忙。比方说，我七八岁时就负责管家里厨子和别的佣人的账目。他们告诉我细目，我用心算加起来，等母亲需要知道时再告诉她。

虽然我不是母亲最宠的孩子，但她除非特别不高兴对我总是很温和，正如她一贯的为人。父亲则不同。他心肠很软但也很专制，常常很不公平地责罚我。我觉得那些不公平就象不可翻越的大山，因为我幼小无助，只能在心里绝望地痛哭。我长大后，觉得不公平是人类最大的痛苦；我发誓如果今后自己有了孩子，我一定不会不公平。

不过，总的说来，我是个幸运的孩子，因为我父母亲的生活中从来不曾有过任何虚假不诚实的阴影。尽管父亲脾气暴躁，但从他那里我学到了对人虚伪不诚恳是最可鄙的事，即使一个人可能得为诚实坦率付出很大的代价。

母亲和其他还健在或去世了的女亲戚的榜样让我很早就感觉到女人如果目不识丁或者气质庸俗是一种不正常的状态，虽然我长大后看见的全中国的总体社会状况完全毁灭了我早年的这种想法。

根据我的记忆，父亲总在书房苦读到深夜，曼声吟诵古籍和时文。有时候在冬天的清晨我们这些孩子还没有起床时，我就听到了他的吟唱。看母亲作画也是一大乐趣。她通常在一张大桌子上作画，我们这些孩子都吊在桌子边缘上，双脚悬空看她作画。我很喜欢看她调色，在我孩提时代的眼里，能用红色和绿色调出紫色简直是奇迹！虽然我从来没有学会作画，但我知道很多作画的窍门：怎么调色，怎么在不同的树叶上勾勒出不同的叶脉，或怎么点染花心的黄色花蕊。从母亲的画中我也学到了很多花木的名字，后来还可以在实际生活中正确辨别它们。

那时候知书达礼又家道中等的人家常设有家塾，由一位读书人当先生，全家的孩子当学生。有时候亲戚家的孩子也会被送去“伴读”，但一般说来，学生人数较少，大概两到十二个吧。上课的时候（中国的学校除了春节放假一个月外总是上课），所有的学生都关在一个房间里，每人都大声朗读自己要背诵的书。通常饭也在教室吃，这不但是为了把孩子们留在课里，也是为了让他们从先生那里学习饭桌上的礼节。要知道先生不但教书，还要对学生日后的行为负责。因此，中国的先生通常和学生的父亲一样受尊敬。如果学生日后功成名就，他也会和学生的父亲一样自豪得意。

有时候女孩子也上家塾，但因为我家那时没有男孩，母亲的才学又足够教我们，所以我和姐妹们都没上过家塾。父母亲随机地轮流教我们，但后来他们有了分工：父亲教我，母亲教另外两个女孩子。父亲认定我早慧，所以决定把我当作特殊的孩子来教。从下文中你们可以看到，他的这个决策对我头脑的发展不幸是个灾难。

一般说来，中国孩子掌握《千字文》后开始背诵《四书》《五经》。女孩子可能只念《四书》或更少。可是父亲想用完全不同的方法教我。因此，他没教我容易背诵的《四书》《五经》，尤其是我很喜欢的节奏流畅富有诗意的《诗经》，而是先教我《尔雅》这样一个同义词字典。比如，“开始”这个词有十二个同义词，而有些词有二十四个同义词。我得整天背诵这些干巴巴又难懂的东西，没节奏也没意义。当我大声朗读自己要背诵的东西时，我两个姐妹吟诵的节奏自然流畅的诗在我饥渴的耳朵听来简直就是仙乐。我这种饥渴只有在父亲有时出门时才能得到片刻的满足。因为讨厌教我那些干巴巴的词，母亲会让我背诵《诗经》或《唐诗选》（一本中国孩子很喜欢的诗歌课本）里的诗。但是，我并没抱怨，因为我为我两个姐妹只念普通女孩子的课本而我却在攻读成为大学问家的事实感到受宠若惊。不管我本人还是父母亲都没有想到这种枯燥沉重的脑力训练只是压制了我想象力的自然发展，而并不能把我培养成为学问家。

父亲教我的第二本书更糟糕，那是他所记录的两千个中国各地的地名。第三本书是他的历史笔记，包括中国历代君主的称号和统治年代。父亲说这两本书是地理和历史的基础，如果我要在知识界取得他认为我能取得的地位的话，它们对我的教育就至为关键。想象一下一个七八岁的小女孩拼命背诵这些毫无意义的名字！父亲的笔迹又那么潦草难认，他每教我一课，我不但要学新课，还要重新学汉字。这些课实在是我童年时代最无聊最痛苦的事了，但命运注定我日后在上海的一个学校会遭遇更坏的经历。

有一天，一件出人意料的事发生了。我们的二舅来访，一边坐下一边说他早上落枕了。母亲随口让我给他捏捏脖子。他对我的按摩非常满意，给我买了一大袋花生，还告诉母亲我是个天生的医生！

因为父母亲正不知将来让我做什么才好，他们对二舅的建议十分重视。在他们看来，刺绣，甚至艺术和诗歌对我的头脑来说好象都太女性化。但让我行医倒值得考虑。他们想到中国的古话："不为良相，便为良医"，意思是说一个医生对人类的贡献只亚于一个一人之下、万人之上的首相。要是我生在今天，我相信父母亲会让我念法律，将来好当首相！

不过，因为我出生的年代女子的选举权在中国还是闻所未闻的事，首相一职当然跟我无缘。所以父母亲决定让我学医，并请二舅帮我选些好的医学书让我学习。可是他帮我选的是八大册《黄帝内经》！这本书写在汉朝，离开今天两千年，尽管它的内容据说是更古老的黄帝和他的太医对话的汇编。这是本深奥的书，只要读过的人就可以自称受过正宗医学训练，而能背诵的人更是寥寥无几。可是父母亲和二舅都认定我要当医生就得当最好的医生：儒医。所以他们让我背诵那八大册书！那些书枯燥艰深，可是背诵过了父亲的地理和历史的笔记，学它们简直就是如履平地。

作为学医之余的消遣，我也学缝纫和刺绣。我并不讨厌它们，可是我最喜爱的是诗歌，我希望自己有一天也能写诗。可是因为中国孩子从小的道德训练，我做梦也没想过要向长辈表达这个愿望。我清楚地记得我写的第一首诗被母亲发现的情形。那时候我九岁，我们把家里的房子租给别人，搬到外祖母家住。外祖母家比我们家小，那儿的院子更比我们家的小。那是个春季的早晨，我躺在床上想着我们自己家院子里正在开放的美丽鲜花，突然产生了要表达我汹涌感情的强烈冲动：我要写诗。我写的诗虽然不佳，但我那时很满足，也以此发泄了自己的感情。我一穿好衣服就把它抄写出来，可是突然母亲来了。看见我藏了什么东西，她要我给她看。我为在诗里表达自己的感情害羞极了（因为中国人，特别是中国女人，从小就要学习隐藏自己的感情），拿着那张纸拼命跑了起来。母亲追上我，掰开我的手一看就笑了起来。她对我说："要是你现在长大了，又藏了什么写的东西不给我看，那可就是大丑事了，你懂吗？"她没说为什么，我也没敢问，可是我心里觉得她的话很奇怪。

我长大以后才明白母亲话里的意思。要是我藏了什么写的东西不给母亲看，只有两种可能性：要么我收到一封男人写的情书，要么我自己写了一封情书。不管是哪种情况，一旦被发现，那一定会成为街坊四邻流传的丑事。他们会窃窃私语说："某某人的女儿在跟一个男人通信！"一个体面人家绝对不能允许这种事发生。女大当嫁，这当然不用说，可是丈夫要由父母选择。女人绝对不能有情人，只有轻浮放荡的女人或者无知阶级的女人才会有情人！有教养的大家闺秀应该遵从"父母之命，媒妁之言"，否则她会为社会唾弃。圣人不是告诫我们"男女授受不亲"吗？

……

在这种传统的氛围中，弥补我智力发展欠缺的唯一因素是我生来就有的强烈好奇心。即使在童年时代，我也凡事追根问底，直到好奇心满足才会罢休。比方，我常常问自己，父亲为什么那么专制，为什么我必须听从他不合理的命令？为什么我又必须背诵那些毫无意义的字句？为什么不准我去放风筝？当我不能从母亲那儿得到我所希望的慈爱，当我不能喝足我所渴望的牛奶（那时候我们已经像西方人那样喝牛奶了，尽管那仍旧是一种奢侈的生活习惯），我孩子气的逻辑就会把这些失望归咎于我的弟弟妹妹太多。因为我的这些问题始终没有答案，我暗暗对自己发誓：我一定不会不公平，我长大有权后，就是对佣人也不会不公平；我今后自己有了孩子一定对他们一视同仁；我绝对不要太多的孩子。

选自陈衡哲著《陈衡哲早年自传》，合肥：安徽教育出版社，2006.08。

林语堂（*1895—1976*）

福建漳州平和县人。现代著名作家、学者、翻译家、语言学家。曾任联合国教科文组织美术与文学主任、国际笔会副会长等职。于1940年和1950年先后两度获得诺贝尔文学奖提名。曾创办《论语》《人世间》《宇宙风》等刊物，作品包括小说《京华烟云》《啼笑皆非》，散文和杂文文集《吾国与吾民》《生活的艺术》等。

童　年

◆ 林语堂

……

我生在福建南部沿海山区之龙溪县坂仔村。童年之早期对我影响最大的，一是山景，二是家父，那位使人无法忍受的理想家，三是严格的基督教家庭。

坂仔村位于肥沃的山谷之中，四周皆山，本地称之为东湖。虽有急流激湍，但浅而不深，不能行船，有之，即仅浅底小舟而已。船夫及其女儿，在航行此急流之时，必须跳入水中，裸露至腿际，真个是将小舟扛在肩上。

坂仔村之南，极目遥望，但见远山绵亘，无论晴雨，皆掩映于云雾之间。北望，嘉溪山矗立如锯齿状，危崖高悬，塞天蔽日。冬日，风自极狭窄的狗牙谷呼啸而过，置身此地，人几乎可与天帝相接。接近东南敞亮处，有一带横岭，家姐家兄即埋葬于斯。但愿他俩的坟墓今日仍然未遭毁坏。二姐之挣扎奋斗请求上学的经过，今日我依然记忆如新。

童年时，每年到斜溪和鼓浪屿去的情形，令人毕生难忘。在斜溪，另一条河与这条河汇合，河水遂展宽，我们乃改乘正式家房船直到县中大城漳州。到漳州视野突然开阔，船蜿蜒前行，两岸群山或高或低，当时光景，至今犹在目前，与华北之童山濯濯，大为不同，树木葱茏青翠，多果实，田园间农人牛畜耕作，荔枝，龙眼，朱栾等果树，处处可见，巨榕枝柯伸展，浓阴如盖，正好供人在下乘凉之用，冬季，橘树开花，山间朱红处处，争鲜斗艳。

父母让我和三兄弟到鼓浪屿求学，这样自然就离开了母亲。一去往往是一整年。坐在那种家房船里，我总是看见海上风浪女神妈祖的神龛，放置在船尾，不停的点着几炷香，船夫往往给我们说古老的故事。有时，我们听见别的船上飘来的幽怨悦耳的箫声。音乐在水上，上帝在天宫。在我那童稚的岁月，还能再希望什么更好的环境呢？

……

我之所以成为这样一个人，也就是因此之故。我之所以这样，都是仰赖于山。这也是人品的基调，我要享受我的自由，不愿别人干涉我。犹如一个山地人站在英国皇太子身旁而不认识他一样。他爱说话，就快人快语，没兴致时，就闭口不言。

父亲是个无可救药的乐观派，锐敏而热心，富于想象，幽默诙谐。在那些长老会牧师之中，家父是以极端的前进派知名的。在厦门很少男孩子听说有个圣约翰大学之时，他已经送自己的孩子到上海去受英国语文的教育了。家父虽然并不健壮，他的前额高，下巴很相配，胡须下垂。据我的记忆，我十岁时，他是五十几岁。我记得他最分明的，是他和朋友或同辈分的牧师在一起时，他那悠闲的笑声。他对我们孩子，倒是和蔼亲切，但是若以一般年老的父母而论，他也有几分严厉。纵然如此，他还不至于不肯和我们开玩笑，他还会把一个特别的菜放在母亲面前，有时也给母亲布菜。厦门是道光二十九年中国五口通商后开放给西洋人传教的一个都市。父亲说的笑话之中，有一个是关于在厦门传教的先驱搭拉玛博士。当年的教堂里是男女分坐，各占一边。在一个又潮又热的下午，他讲道时，他看见男人打盹，女人信口聊天儿。没有人听讲。他在讲坛上向前弯着身子说："诸位姐妹如果说话的声音不这么大，这边的弟兄们可以睡得安稳一点儿了。"

家父很受漳州的基督徒所爱戴。他的话爽快有味，平常老百姓都能听懂。

据我所知，家父是个自学努力成功的人。他过去曾经在街上卖糖果，卖米给囚犯，获利颇厚。他也曾贩卖竹笋到漳州，两地距离约十至十五里地。他的肩膀儿上有一个肉瘤，是由于担扁担磨出来的，始终没有完全消失。有一次，有人教他给一个牧师担一担东西，表示不拿他当做外人。那个基督徒对这个年轻人却没有怜悯心，让他挑得很重，那些东西里有盆有锅。那人还说："小伙子，你很好。你挑得动。这样儿才不愧是条好汉。"直到后来，父亲还记得在那个炎热的下午所挑的那一担东西。这就是他赞成劳动的缘故。

我记得他和当地的一个税吏打过一次架。那个税吏领有执照，得在每五日一次的集镇上，由他自己斟酌决定收取捐税。有一个卖柴的人，费了三天工夫，斫柴，劈成棍状，烘熏成炭，由山中运到集上卖。每一捆卖两百铜钱，而税吏每捆炭要他纳一百二十铜钱的税。家父赶巧在旁经过。看见税吏欺负穷人，上前干涉，于是恶语相侵。人群围起来。最后，税吏表示尊重家父的长者地位，答应减低捐税——减低多少，已经记不清。但是父亲回家告诉我们这件事时，税吏的邪恶不义，还让父亲怒火中烧。

家母出嫁得晚。她为人老实直率。她能看闽南语拼音的《圣经》。不管什么农夫，她都会请到家喝杯茶，在热天请人到家乘乘凉。她虽然是牧师的太太，但从不端架子。我记得母亲是有八个孩子的儿媳妇，到晚上总是累得精疲力尽，两只脚迈门坎都觉得费劲。但是她给我们慈爱，天高地厚般的慈爱，可是子女对她也是同样感德报恩。我十岁，也许是十二岁时，我的几个姐姐就能够做家中沉重的事情，母亲才得安闲度日。二姐和我总是向妈妈说些荒唐故事，以逗妈妈为乐。等妈妈发觉我们逗弄她，好像如梦初醒，恍然大悟，就喊道："根本没有这种事。你们说来逗我乐的。"母亲一向牙齿不好，每逢在大家面前笑时，总是习惯用手捂着嘴。

我们兄弟六人，姐妹二人，我是倒数第二。在家，男孩子规定是应当扫地，由井上往缸里挑水，还要浇菜园子。把水桶系下井去，到了底下时，让桶慢慢倾斜，这种技巧我们很快就学会了。水井口上有边缘，虽然一整桶水够沉的，但是我很快就发觉打水满有趣，只是厨房里用的那个水缸，能装十二桶水，我不久就把倒水推给二姐做。那时我们还不知道肥皂是什么东西。等我十岁左右，母亲用一种豆饼洗手时，有一种粘液。后来，我们用肥皂，是由商务印书馆买来的。母亲总是在太阳里把肥皂晒硬，好能用得久些。

在夏天，哥哥们回家来了，我们每逢上课前先打铃。父亲就是老师。他教我们念诗，念经书，古文，还有普通的对对子。父亲轻松容易的把经典的意思讲解出来，我们大家都很佩服他。快到十一岁时，我记得二姐常凝视着墙上的影子，用很惋惜，很不愿意的语气说："现在我得去洗衣裳了。"在下午，天晚一点的时候，她又看一看墙上的影子，几乎是自言自语的说："我该把晒的衣裳收回来了。"

在晚上，我们大家轮流读《圣经》，转过身去，跪在凳子上，各自祷告。有时候，我弟弟会睡着，大姐就会骂他"魔鬼撒旦"，或"魔鬼撒旦的儿子"。我们兄弟姐妹是不许吵架的，实际上我们也没吵过架。理由是：每个人都要"友好和善"。后来，在上海圣约翰大学读书时，我不得不劝我弟弟不要对每个人都那样微笑表示友好。这个理想主义者的色彩现在还依然植在他心里，由他的来信，就显然可见。他还是相信人人若不遵照耶稣指出的道路走，世界和平便不可获致。也许他对。他是教友会和平主义论者。

……

二姐比我大四岁，是我的顾问，也是我的伴侣。但是我们一块儿玩儿起来，还是和她玩得很快乐，并不觉得她比我大。

我们俩的确是一块儿长大，她教我，劝我，因为我是个可爱的孩子，又爱淘气。后来她告诉我，我既顽皮，又爱发脾气。我一听见要挨一顿棍子时，脸就变得惨白，父亲一见，手一松，棍子就掉在地上了。他的确是很爱我。他在十点左右吃点心时，往往是猪肝细面，他常留下半碗，把我叫进去吃。我从来没吃过味道那么美的猪肝面。

有一次，家里关上门，不许我回家，我往家里扔石头。母亲不知道把我怎么办。我再三纠缠母亲。我忽然想出一个妙计。我知道二姐必须洗衣裳，我就躺在泥里说："现在你得给我洗衣裳了吧。"

二姐的眼睛特别有神，牙又整齐又洁白。她的同学都把她看做学校中的美女，不过这个我不想说什么。她的功课很好，应当上大学。但是我父亲要供给几个儿子。供给儿子上大学，可以；供给女儿，不行。福州的女子大学一学期学费要七、八十块钱。我父亲实在办不到。我深知二姐很想受高等教育。她已经在鼓浪屿上完了中学；那时是二十二岁，正是女孩子有人提亲的时候。但是她不管。在夜静更深时，我母亲就找个机会和她说亲事。她总是把灯吹灭，拒绝谈论此事。

最后，她看到别无良策，只好应允婚事。那年，我就要到上海去读圣约翰大学。她也要嫁到西溪去，也是往漳州去的方向。所以我们路上停下去参加她的婚礼。在婚礼前一天的早晨，她从身上掏出四毛钱对我说："和乐，你要去上大学了。不要糟塌了这个好机会。要做个好人，做个有用的人，做个有名气的人。这是姐姐对你的愿望。"我上大学，一部分是我父亲的热望。我又因深知二姐的愿望，我深深感到她那几句话简单而充满了力量。整个这件事使我心神不安，觉得我好像犯了罪。她那几句话在我心里有极重的压力，好像重重的烙在我的心上，所以我有一种感觉，仿佛我是在替她上大学。第二年我回到故乡时，二姐却因横痃性瘟疫亡故，已经有八个月的身孕。这件事给我的印象太深，永远不能忘记。

选自林语堂著《林语堂自传》，南京：江苏文艺出版社，1995.09。

郑逸梅（*1895—1992*）

生于江苏苏州，祖籍安徽歙县。著名作家、文史学家。32岁入上海影戏公司，并参加南社。因擅长撰写文史掌故类文章而被誉为“补白大王”。代表作《艺林散叶》《文苑花絮》《书报话旧》等。

买看不懂的书

◆ 郑逸梅

看了本节的题目，一定有人会想，买书是为了看，为了读，买看不懂的书为了啥呢？回答这个疑问，得从我幼时的喜好说起。

我小时候就特别的爱好书籍。一般小孩都喜欢玩具。当时正处于清末民初，一些新式的玩具也已面世，木制的，铁皮制的，都有。从现今的眼光看，当然是简陋的，但在那个时代却是些新鲜宝贝玩意儿。一次，祖父回家，带回了一个小动物玩具，用线牵着，轻轻的一攥，还能活动。我开初有点兴味，可没玩上一个时辰，就兴味索然了。把那玩意儿往屋角一扔，又去翻书看了，我翻看的那些书，有不少是祖父收藏的。

我家并不是书香门第。听外祖父说，我家祖籍安徽歙县，是种田的。后来在清末的兵荒马乱中，外祖父无以为生，就逃到了苏州，在一爿茶杂果品店里当学徒。省吃俭用，自己竟开起了茶馆，渐渐的成了小康之家。这时外祖父已三十多岁了，才学起文化来，经过十余年的自学，初通了。他能看诸子百家的书，能读唐宋八大家的散文，也能看古典小说，还时常读各种报纸。这样，这个原先的种田人家也开始有了满架满架的书。我外祖父这个田夫野老，也能摇头晃脑的写几笔文章了。每当外祖父在诵读文章，翻阅书报，撰写文稿时，我就站在一旁，凝神注视着外祖父的神情举止。日久天长，我幼小的心眼里似乎萌生出了一种感觉：读书是一种乐趣，一种享受，是比玩耍更有趣的一种事儿。

我四五岁的一个夏天，跟着外祖父纳凉小庭。外祖父吸着紫玉秋旱烟，边吸边讲三国故事。什么三顾茅庐，火烧赤壁等等。听得我出了神，似乎诸葛亮、周瑜这些人物，涌现在烟雾香霭之中。从此，我每天缠着外祖父续讲。有时外祖父事忙，没有闲空，这使我很是失望，这样一次，二次，三次，我焦急得哭了。转念一想，这是由于我不识字，未能自己阅看，倘若识了字，阅看何等便利。我便要求外祖父教我识方块字。这些方块字，由外祖父亲自缮写在红纸上（这时尚没有看图识字等书本）。起初，外祖父每天教我识四个字，但为了能及早看书，我要求多识几个，增加为八个字，识不了几天，又不满足了，更加一倍为十六个字，后来又由十六字扩充为三十二字。外祖父深喜我敏颖，经常买了糖果奖励我。一经奖励，我好胜心来了，请再加若干字，直到每天能识五十余字为止。

识了些字，我就学着外祖父的样，经常从书架上抽出书看，翻着，读着。其实，我当时还识不了多少字，是名副其实的“乱翻书”。翻着，翻着，有时从中发现若干认识的句子，段落，就象发现了什么好朋友似的，怀着欣喜的心情赶快去告诉外祖父。这时，外祖父就从书桌上抬起头来，笑眯眯地接过我手中的书本，要我念一遍给他听。如果是念错了，外祖父也并不批评，往往是把这些字句用毛笔大大地另写在一张纸上，一笔一划地教我怎么写又教我怎么读，直到读准确，写准确为止。外祖父满意了，就把一块糖塞在我嘴里。我嘴里甜滋滋的，心里也甜滋滋的。

只要有空，外祖父就常带我上街去散步。经过棋盘街的扫叶山房，看到沿窗陈列着许多石印书本。我好象是饥者看到了食品，兀是垂涎不置，拉着外祖父走进了书店。不知怎么的，我对那些站在书架上的崭新的书本，产生了感情，有时竟痴痴地站在那里。一次，我对着书架上的一本书，忽然又发起呆来。外祖父拉我走了，我还不想走。我轻轻地对外祖父说：

“我要买下那一本书。”

外祖父眯缝起双眼看了一会，笑了：“那本书呀，那是部《昭明文选》，你还小，还看不懂。”

“我喜欢它，我要买下它。”我涨红了脸，执拗着。

“还是等大些再买吧！”外祖父的语气是温和的，并且还是笑着。

我却急了，急得“哇”的一声哭了起来，边哭边讲着：“不，不嘛，我要买，我要买。”

外祖父笑得更欢了，边给我抹眼泪，边从兜里掏钱，说：“买，买，我给你买下了。”

那天晚上，我是捧着这部我一点也读不懂的《昭明文选》睡觉的。听外祖父说，我从睡梦中还笑醒了好几回呢！

打这以后，我就更喜欢跟着外祖父上街了。每次到书店去，我总要缠着外祖父买一二本书。外祖父是真正爱我的，在买书上就特别的迁就我。他为我买了《苏黄尺牍》《吴梅村词》《夜雨秋灯录》等，还买了部《古文观止》，在当时，这些书都是我看不懂的。久而久之，我这个识不了多少字的娃娃，竟有了自己长长的一大排书。我确实喜欢它们。翻翻书页，闻闻书卷的香味，似乎比什么都满足。如果说其他孩子以玩具为乐的话，那么，我是以“玩书”为乐的呵！

后来我进了私塾。那位私塾老师名叫顾慰若，苏州人，是位儒医。逢到他出诊，同学们总是十分高兴地闹着玩。或捉迷藏，或踢毽子，甚至扭斗。我却与众不同，自顾自读我的书，老师为此很赞许我。老师目力不济，有时翻检《康熙字典》，上面的字迹细如蚁足，看不清楚，往往指着叫我读给他听。次数多了，我渐渐地懂得了按部首去翻查某字。后来，有人告诉我，有一本叫《尚友录》的书，可以查检某人何字何号，我又要外祖父去买。外祖父很快就把书买来了。可是，这又是一部我看不懂的书。《尚友录》是按诗韵翻检的，我这个五六岁的孩子哪里能懂诗韵呢？这怎么办？我下了狠心，细细地摸索。往往为了翻检一个人，要把书从头到底翻遍。翻的次数多了，居然有了把握，知道某姓在第几卷中，经过揣摹（摩）再揣摹（摩），竟初步了解了平上去入和一东二冬三江四支等诗韵。从此要翻检什么，用部首和诗韵，都有门路，也就较为便当了。

那些在当时看不懂的书，现在是大抵都能够看懂了。但是，现在回忆起来，那样做幼稚是幼稚，可不失为童真，的确有许多难以名状的乐趣在。再说，要不是当年买了那么些书，半懂不懂地乱翻乱读着，我日后爱书如命的习性怕是难以形成的吧！在这一点上，我是应该感谢我的外祖父的。

选自郑逸梅著《我与文史掌故》，上海：文汇出版社，1992.01。

邹韬奋（*1895—1944*）

余江县人，杰出的记者和伟大的爱国民主战士。曾主编《生活》周刊等，创办著名的三联书店。主要著作收入《韬奋文集》。

我的母亲

◆ 邹韬奋

说起我的母亲，我只知道她是“浙江海宁查氏”，至今不知道她有什么名字！这件小事也可表示今昔时代的不同。现在的女子未出嫁的固然很“勇敢”地公开着她的名字，就是出了嫁的，也一样地公开着她的名字。不久以前，出嫁后的女子还大多数要在自己的姓上面加上丈夫的姓；通常人们的姓名只有三个字，嫁后女子的姓名往往有四个字。在我年幼的时候，知道担任商务印书馆出版的《妇女杂志》笔政的朱胡彬夏，在当时算是有革命性的“前进的”女子了，她反抗了家里替她订的旧式婚姻，以致她的顽固的叔父宣言要用手枪打死她，但是她却仍在“胡”字上面加着一个“朱”字！近来的女子就有很多在嫁后仍只用自己的姓名，不加不减。这意义表示女子渐渐地有着她们自己的独立的地位，不是属于任何人所有的了。但是在我的母亲的时代，不但不能学“朱胡彬夏”的用法，简直根本就好像没有名字！我说“好像”，因为那时的女子也未尝没有名字，但在实际上似乎就用不着。像我的母亲，我听见她的娘家的人们叫她作“十六小姐”，男家大家族里的人们叫她作“十四少奶”，后来我的父亲做了官，人们便叫她作“太太”，她始终没有用她自己名字的机会！我觉得这种情形也可以暗示妇女在封建社会里所处的地位。

我的母亲在我十三岁的时候就去世了。我生的那一年是在九月里生的，她死的那一年是在五月里死的，所以我们母子两人在实际上相聚的时候只有十一年零九个月。我在这篇文里对于母亲的零星追忆，只是这十一年里的前尘影事。

我现在所能记得的最初对于母亲的印象，大约在两三岁的时候。我记得有一天夜里，我独自一人睡在床上，由梦里醒来，朦胧中睁开眼睛，模糊中看见由垂着的帐门射进来的微微的灯光，在这微微的灯光里瞥见一个青年妇人拉开帐门，微笑着把我抱起来。她嘴里叫我什么，并对我说了什么，现在都记不清了，只记得她把我负在她的背上，跑到一个灯光灿烂人影憧憧往来的大客厅里，走来走去“巡阅”着。大概是元宵吧，这大客厅里除有不少成人谈笑着外，有二三十个孩童提着各色各样的纸灯，里面燃着蜡烛，三五成群的跑着玩。我此时伏在母亲的背上，半醒半睡似的微张着眼看这个，望那个。那时我的父亲还在和祖父同住，过着“少爷”的生活；父亲有十来个弟兄，有好几个都结了婚，所以这大家族里有着这么多的孩子。母亲也做了这大家族里的一分子。她十五岁就出嫁，十六岁那年养我，这个时候才十七八岁。我由现在追想当时伏在她的背上睡眼惺忪所见着她的容态，还感觉到她的活泼的、欢悦的、柔和的、青春的美。我生平所见过的女子中，我的母亲是最美的一个，就是当时伏在母亲背上的我，也能觉到在那个大客厅里许多妇女里面，没有一个及得到母亲的可爱。我现在想来，大概在我睡在房里的时候，母亲看见许多孩子玩灯热闹，便想起了我，也许蹑手蹑脚到我床前看了好几次，见我醒了，便负我出去一饱眼福。这是我对母爱最初的感觉，虽则在当时的幼稚脑袋里当然不知道什么叫作母爱。

后来祖父年老告退，父亲自己带着家眷在福州做候补官。我当时大概有了五六岁，比我小两岁的二弟已生了。家里除父亲、母亲和这个小弟弟外，只有母亲由娘家带来的一个青年女仆，名叫妹仔。“做官”似乎怪好听，但是当时父亲赤手空拳出来做官，家里一贫如洗。我还记得，父亲一天到晚不在家里，大概是到“官场”里“应酬”去了，家里没有米下锅；妹仔替我们到附近施米给穷人的一个大庙里去领“仓米”，要先在庙前人山人海里面拥挤着领到竹签，然后拿着竹签再从挤得水泄不通的人群中，带着粗布袋挤到里面去领米；母亲在家里横抱着哭涕着的二弟踱来踱去，我在旁坐在一只小椅上呆呆地望着母亲，当时不知道这就是穷的景象，只诧异着母亲的脸何以那样苍白，她那样静寂无语地好像有着满腔无处诉的心事。妹仔和母亲非常亲热，他们竟好像母女，共患难，直到母亲病得将死的时候，她还是不肯离开她，以孝女自居，寝食俱废地照顾着母亲。

母亲喜欢看小说，那些旧小说，她常常把所看的内容讲给妹仔听。她讲得娓娓动听，妹仔听着忽而笑容满面，忽而愁眉双锁。章回的长篇小说一下讲不完，妹仔就很不耐地等着母亲再看下去，看后再讲给她听。往往讲到孤女患难，或义妇含冤的凄惨的情形，她两人便都热泪盈眶，泪珠尽往颊上涌流着。那时的我立在旁边瞧着，莫名其妙，心里不明白她们为什么那样无缘无故地挥泪痛哭一顿，和在上面看到穷的景象一样地不明白其所以然。现在想来，才感觉到母亲的情感的丰富，并觉得她的讲故事能那样地感动着妹仔，如果母亲生在现在，有机会把自己造成一个教员，必可成为一个循循善诱的良师。

我六岁的时候，由父亲自己为我“发蒙”，读的是《三字经》，第一天上的课是：“人之初，性本善；性相近，习相远。”一点儿莫名其妙！一个人坐在一个小客厅的炕床上“朗诵”了半天，苦不堪言！母亲觉得非请一位“西席”老夫子总教不好，所以家里虽一贫如洗，情愿节衣缩食，把省下的钱请一位老夫子。说来可笑，第一个请来的这位老夫子，每月束修只须四块大洋（当然供膳宿），虽则这四块大洋，在母亲已是一件很费筹措的事情。我到十岁的时候，读的是“孟子见梁惠王”，教师的每月束修已加到十二元，算增加了三倍。到年底的时候，父亲要“清算”我平日的功课。在夜里亲自听我背书，很严厉，桌上放着一根两指阔的竹板。我的背向着他立着背书，背不出的时候，他提一个字，就叫我回转身来把手掌展放在桌上，他拿起这根竹板很重地打下来。我吃了这一下苦头，痛是血肉的身体所无法避免的感觉，当然失声地哭了，但是还要忍住哭，回过身去再背。不幸又有一处中断，背不下去；经他再提一字，再打一下。呜呜咽咽地背着那位前世冤家的“见梁惠王”的“孟子”！我自己呜咽着背，同时听得见坐在旁边缝纫着的母亲也唏唏嘘嘘地泪如泉涌地哭着。我心里知道她见我被打，她也觉得好像刺心的痛苦，和我表着十二分的同情，但她却时时从呜咽着的、断断续续的声音里勉强说着“打得好”！她的饮泣吞声，为的是爱她的儿子；勉强硬着头皮说声“打得好”，为的是希望她的儿子上进。由现在看来，这样的教育方法真是野蛮之至！但是我不敢怪我的母亲，因为那个时候就只有这样野蛮的教育法；如今想起母亲见我被打，陪着我一同哭，那样的母爱，仍然使我感念着我的慈爱的母亲。背完了半本“梁惠王”，右手掌打得发肿有半寸高，偷向灯光中一照，通亮，好像满肚子装着已成熟的丝的蚕身一样。母亲含着泪抱我上床，轻轻把被窝盖上，向我额上吻了几吻。

当我八岁的时候，二弟六岁，还有一个妹妹三岁。三个人的衣服鞋袜，没有一件不是母亲自己做的。她还时常收到一些外面的女红来做，所以很忙。我在七八岁时，看见母亲那样辛苦，心里已知道感觉不安。记得有一个夏天的深夜，我忽然从睡梦中醒了起来，因为我的床背就紧接着母亲的床背，所以从帐里望得见母亲独自一人在灯下做鞋底，我心里又想起母亲的劳苦，辗转反侧睡不着，很想起来陪陪母亲。但是小孩子深夜不好好的睡，是要受到大人的责备的，就说是要起来陪陪母亲，一定也要被申斥几句，万不会被准许的（这至少是当时我的心理），于是想出一个借口来试试看，便叫声母亲，说太热睡不着，要起来坐一会儿。出乎我意料之外的，母亲居然许我起来坐在她的身边。我眼巴巴地望着她额上的汗珠往下流，手上一针不停地做着布鞋——做给我穿的。这时万籁俱寂，只听到嘀嗒的钟声和可以微闻得到的母亲的呼吸。我心里暗自想念着，为着我要穿鞋，累母亲深夜工作不休，心上感到说不出的歉疚，又感到坐着陪陪母亲，似乎可以减轻些心里的不安成分。当时一肚子里充满着这些心事，却不敢对母亲说出一句。才坐了一会儿，又被母亲赶上床去睡觉，她说小孩子不好好的睡，起来干什么！现在我的母亲不在了，她始终不知道她这个小儿子心里有过这样的一段不敢说出的心理状态。

母亲死的时候才二十九岁，留下了三男三女。在临终的那一夜，她神志非常清楚，忍泪叫着一个一个子女嘱咐一番。她临去最舍不得的就是她这一群的子女。

我的母亲只是一个平凡的母亲，但是我觉得她的可爱的性格，她的努力的精神，她的能干的才具，都埋没在封建社会的一个家族里，都葬送在没有什么意义的事务上，否则她一定可以成为社会上一个更有贡献的分子。我也觉得，像我的母亲这样被埋没葬送掉的女子不知有多少！

一九三六年一月十日深夜

选自邹韬奋著、文明国编《邹韬奋自述》，合肥：安徽文艺出版社，2013.04

茅盾（*1896—1981*）

原名沈德鸿，浙江省嘉兴市桐乡人。现代著名作家、文学评论家、文化活动家以及社会活动家。代表作有小说《子夜》《春蚕》和文学评论《夜读偶记》。

母亲对我的教育

◆茅　盾

我们大家庭里有个家塾，已经办了好多年了。我的三个小叔子和二叔祖家的几个孩子都在家塾里念书。老师就是祖父。但是我没有进家塾，父亲不让我去。父亲不赞成祖父教的内容和教学方法。祖父教的是《三字经》《千家诗》这类老书，而且教学不认真，经常丢下学生不管，自顾出门听说书或打小麻将去了。因此，父亲就自选了一些新教材如《字课图识》《天文歌略》《地理歌略》等，让母亲来教我。所以，我的第一个启蒙老师是我母亲。

但是，祖父仍嫌教家塾是个负担，我七岁那年，他就把这教家塾的担子推给了我父亲。父亲那时虽然有低烧，但尚未病倒，他就一边行医，一边教这家塾。我也就因此进了家塾，由父亲亲自教我。我的几个小叔子仍旧学老课本，而我则继续学我的新学。父亲对我十分严格，每天亲自节录课本中四句要我读熟。他说：慢慢地加上去，到一天十句为止。

可是不到一年，父亲病倒了。家塾仍由祖父来教。父亲就把我送到一个亲戚办的私塾中去继续念书。这亲戚就是我曾祖母的侄儿王彦臣。王彦臣教书的特点是坐得住，能一天到晚盯住学生，不像其他私塾先生那样上午应个景儿，下午自去访友、饮茶、打牌去了，所以他的“名声”不错，学生最多时达到四五十个。王彦臣教的当然是老一套，虽然我父亲叮嘱他教我新学，但他不会教。我的同学一般都比我大，有大六七岁的，只有王彦臣的一个女儿（即我的表姑母）和我年龄差不多。这个表姑母叫王会悟，后来就是李达（号鹤鸣）的夫人。

又过了半年多，乌镇办起了第一所初级小学——立志小学，我就成为这个小学的第一班学生。立志小学校址在镇中心原立志书院旧址，大门两旁刻着一副大字对联：“先立乎其大，有志者竟成”，嵌着立志二字。这立志书院是表叔卢鉴泉的祖父卢小菊创办的。卢小菊是个举人，而且高中在前五名内，所以在镇上绅缙中名望很高，他办了立志书院，任山长（院长）。现在在原校址办起立志小学，又由卢鉴泉担任校长。卢表叔那年和我父亲结伴去杭州参加乡试，中了举人，第二年到北京会试落第，就回乡当绅缙。因为他在绅缙中年纪最小，又好动，喜欢管事，办小学的事就推到了他身上。

在卢鉴泉的积极筹划下，开学那天居然到了五六十个学生。学生按年龄分为甲乙二班，大的进甲班，小的进乙班，我被分到了乙班。但上课不到十天，两班学生根据实际水平又互有调换，我调到了甲班。其实两班的课程是差不多的，只是甲班进度快些，而且一开课就学《论语》。同班同学中我的年龄最小，最大的一个有二十岁，已经结婚了。甲班有两个老师，一个是我父亲的好朋友沈听蕉，他教国文，兼教修身和历史，另一个姓翁的教算学，他不是乌镇人。国文课本用的是《速通虚字法》和《论说入门》（这是短则五六百字，长则一千字的言富国强兵之道的论文或史论），修身课本就是《论语》，历史教材是沈听蕉自己编的。至于按规定新式小学应该有的音乐、图画、体操等课程，都没有开。

那时候，父亲已卧床不起，房内总要有人侍候，所以我虽说上了学，却时时要照顾家里。好在学校就在我家隔壁，上下课的铃声听得很清楚，我听到铃声再跑去上课也来得及，有时我就干脆请假不去了。母亲怕我拉（落）下的功课太多，就自己教我，很快我就把《论语》读完了，比学校里的进度快。

《速通虚字法》帮助我造句，《论说入门》则引导我写文章。那时，学校月月有考试，单考国文一课，写一篇文章（常常是史论），还郑重其事地发榜，成绩优秀的奖赏。所以会写史论就很重要。沈听蕉先生每周要我们写一篇作文，题目经常是史论，如《秦始皇汉武帝合论》之类。他出了题目，照例要讲解几句，暗示学生怎样立论，怎样从古事论到时事。我们虽然似懂非懂，却都要争分数，自然跟着先生的指引在文章中“论古评今”。

然而我这十岁才出头的儿童实在没有这方面的知识和见解，结果，“硬地上掘蟮”，发明了一套三段论的公式：第一，将题目中的人或事叙述几句，第二，论断带感慨，第三，用一句套话来收梢，这句套话是“后之为 ×× 者可不 × 乎？”这是一道万应灵符，因为只要在“为”字下边填上相应的名词，如“人主”、“人父”、“人友”、“将帅”等等，又在“不”字之下填上“慎”、“戒”、“欢”、“勉”一类动词就行了。每星期写一篇史论，把我练得有点“老气横秋”了，可是也使我的作文在学校中出了名，月考和期末考试，我都能带点奖品回家。

在进立志小学的第二年夏天，父亲去世了。母亲遵照父亲的遗嘱，把全部心血倾注到我和弟弟身上。尤其对我，因为我是长子，管教极严，听得下课铃声而我还没回家，一定要查问我为什么迟到，是不是到别处去玩了。有一天，教算学的先生病了，我急要回家，可是一个年纪比我大五、六岁的同学拉着我跟他玩，我不肯，他在后面追，自己不小心在学校大院子里一棵桂树旁边跌了一跤，膝头和手腕的皮肤的表层擦破了，手腕上还出了点血。这个同学拉着我到我家中向母亲告状。母亲安慰那个同学，又给他几十个制钱，说是医治他那个早已血止的手腕。这时，我的祖母和最会挑剔的二姑母（因她排行是第二）都在场，二姑母还说了几句讥讽母亲的话，于是母亲突然大怒，拉我上楼，关了房门，拿起从前家塾中的硬木大戒尺，便要打我。过去，母亲也打我，不过用裁衣的竹尺打手心，轻轻几下而已。如今举起这硬木的大戒尺，我怕极了，快步开了房门，直往楼下跑，还听得母亲在房门边恨声说："你不听管教，我不要你这儿子了。"我一直跑出大门到街上去了。这时惊动了全家。祖母命三叔找我。三叔找不到，回家复命。祖母更着急了，却又不便埋怨我母亲。我在街上走了一会儿，觉得还是应当回学校请沈听蕉先生替我说情。沈先生是看见那个同学自己绊了一跤的。沈先生带我到家中大门内那个小院子里，请母亲出来说话。母亲却不下楼，就在楼上面临院子的窗口听沈先生说明。沈先生说："这事我当场看见。是那孩子不好，他要追德鸿，自己绊了跤，反诬告德鸿。怕你不信，我来作证。"又说："大嫂读书知礼，岂不闻孝子事亲，小杖则受，大杖则走乎？德鸿做得对。"母亲听了，默然片刻，只说了"谢谢沈先生"就回房去了。祖母不懂沈先生那两句文言，看见母亲只说"谢谢"就回房，以为母亲仍要打我，带我到房中。这时母亲背窗而坐，祖母叫我跪在母亲膝前，我也哭着说："妈妈，打吧。"母亲泪如雨下，只说了"你的父亲若在，不用我……"就说不下去，拉我起来。

事后，我问母亲，沈先生那几句话是什么意思，母亲说："父母没有不爱子女的，管教他们是要他们学好。父母盛怒之时，用大杖打子女，如果子女不走，打伤了，岂不反而使父母痛心么？所以说大杖则走。"

从此以后，母亲不再打我了。

选自茅盾著《茅盾自传》，南京：江苏文艺出版社，1996.07，题目为编者所加。

郁达夫（*1896—1945*）

浙江富阳满洲弄（今达夫弄）人，现代著名小说家、散文家、诗人。代表作有《沉沦》《故都的秋》《春风沉醉的晚上》《迟桂花》等。

书塾与学堂

——自传之三

◆ 郁达夫

由书塾而到学堂！这一个转变，在当时的我的心里，比从天上飞到地上，还要来得大而且奇。其中的最奇之处，是我一个人，在全校的学生当中，身体年龄，都属最小的一个。

当时的学堂，是一般人的崇拜和惊异的目标。将书院的旧考棚撤去了几排，一间像鸟笼似的中国式洋房造成功的时候，甚至离城有五六十里路远的乡下人，都成群结队，带了饭包雨伞，走进城来挤看新鲜。在校舍改造成功的半年之中，“洋学堂”的三个字，成了茶店酒馆，乡村城市里的谈话的中心；而穿着奇形怪状的黑斜纹布制服的学堂生，似乎都是万能的张天师，人家也在侧目而视，自家也在暗鸣得意。

一县里唯一的这县立高等小学堂的堂长，更是了不得的一位大人物，进进出出，用的是蓝呢小轿：知县请客，总少不了他。每月第四个礼拜六下午作文课的时候，县官若来监课，学生们特别有两个肉馒头好吃；有些住在离城十余里的乡下的学生，于文课作完后回家的包裹里，往往将这两个肉馒头包得好好，带回乡下去送给邻里尊长，并非想学颍考叔的纯孝，却因为这肉馒头是学堂里的东西，而又出于知县官之所赐，吃了是可以驱邪启智的。

实际上我的那一班学堂里的同学，确有几位是进过学的秀才，年龄都在三十左右；他们穿起制服来，因为背形微驼，样子有点不大雅观，但穿了袍子马褂，摇摇摆摆走回乡下去的态度，却另有着一种堂皇严肃的威仪。

初进县立高等小学堂的那一年年底，因为我的平均成绩，超出了八十分以上，突然受了堂长和知县的提拔，令我和四位其他的同学跳过了一班，升入了高两年的级里；这一件极平常的事情，在县城里居然也耸动了视听，而在我们的家庭里，却引起了一场很不小的风波。

是第二年春天开学的时候了，我的那位寡母，辛辛苦苦，调集了几块大洋的学费书籍费缴进学堂去后，我向她又提出了一个无理的要求，硬要她去为我买一双皮鞋来穿。在当时的我的无邪的眼里，觉得在制服下穿上一双皮鞋，挺胸伸脚，得得地在石板路上走去，就是世界上最光荣的事情；跳过了一班，升进了一级的我，非要如此打扮，才能够压服许多比我大一半年龄的同学的心。为凑集学费之类，已经罗掘得精光的我的那位母亲，自然是再也没有两块大洋的余钱替我去买皮鞋了，不得已就只好老了面皮，带着了我，上大街上的洋广货店里去赊去；当时的皮鞋，是由上海运来，在洋广货店里寄售的。

一家，两家，三家，我跟了母亲，从下街走起，一直走到了上街尽处的那一家隆兴字号。店里的人，看我们进去，先都非常客气，摸摸我的头，一双一双的皮鞋拿出来替我试脚；但一听到了要赊欠的时候，却同样地都白了眼，作一脸苦笑，说要去问账房先生的。而各个账房先生，又都一样地板起了脸，放大了喉咙，说是赊欠不来。到了最后那一家隆兴里，惨遭拒绝赊欠的一瞬间，母亲非但涨红了脸，我看见她的眼睛，也有点红起来了。不得已只好默默地旋转了身，走出了店；我也并无言语，跟在她的后面走回家来。

到了家里，她先揿着鼻涕，上楼去了半天；后来终于带了一大包衣服，走下楼来了，我晓得她是将从后门走出，上当铺去以衣服抵押现钱的；这时候，我心酸极了，哭着喊着。赶上了后门边把她拖住，就绝命地叫说：

“娘，娘！您别去吧！我不要了，我不要皮鞋穿了！那些店家！那些可恶的店家！”

我拖住了她跪向了地下，她也呜呜地放声哭了起来。两人的对泣，惊动了四邻，大家都以为是我得罪了母亲，走拢来相劝。我愈听愈觉得悲哀，母亲也愈哭愈是利害，结果还是我重赔了不是，由间壁的大伯伯带走，走上了他们的家里。

自从这一次的风波以后，我非但皮鞋不着，就是衣服用具，都不想用新的了。拼命地读书，拼命地和同学中的贫苦者相往来，对有钱的人，经商的人仇视等，也是从这时候而起的。当时虽还只有十一二岁的我，经了这一番波折，居然有起老成人的样子来了，直到现在，觉得这一种怪癖的性格，还是改不转来。

到了我十三岁的那一年冬天，是光绪三十四年，皇帝死了；小小的这富阳县里，也来了哀诏，发生了许多议论。熊成基的安徽起义，无知幼弱的溥仪的入嗣，帝室的荒淫，种族的歧异等等，都从几位看报的教员的口里，传入了我们的耳朵。而对于我印象最深的，是一位国文教员拿给我们看的报纸上的一张青年军官的半身肖像。他说，这一位革命义士，在哈尔滨被捕，在吉林被清朝的大员及汉族的卖国奴等生生地杀掉了；我们要复仇，我们要努力用功。所谓种族，所谓革命，所谓国家等等的概念，到这时候，才隐约地在我脑里生了一点儿根。

（原载 1935 年 1 月 5 日《人世间》半月刊第 19 期）

选自郁达夫著、亦祺选编《郁达夫散文》，杭州：浙江文艺出版社，1999.04。

苏雪林（1897—1999）

原名苏小梅，出生于浙江省瑞安县县丞衙门里。一生笔耕不辍，被喻为文坛的常青树。代表作有《蝉蜕集》《文坛话旧》等。

家塾读书及自修

◆ 苏雪林

祖父恨自己少年失学，对子弟的教育特别尽心，他在兰溪县署的园子里特设家塾一座，使叔父诸兄就读，聘教师，非孝廉即拔贡，又不吝为子弟买书，《十三经》《二十四史》《诸子百家》及各种名家诗文集，只要塾师一推荐，便立刻设法买来，男孩书房里可说琳琅满架、书香四溢了。不过这些书，叔父诸兄固没资格读，老师也不过偶尔翻翻，只能算做一种装饰品而已。

那时清廷下了兴学令，要州县办新式学堂，祖父在兰溪办三所小学，那时不叫学校，叫做学堂，因是新制又叫做洋学堂。祖父听人说现在科举已废，年轻人专读中文书无甚用，应该读点洋书，他就与那小学里教英文的教习说，每晚来县署教叔父诸兄两个钟头的洋书，于是我们家塾里诗云子曰的声音外，又多了ABCD的洋气洋声，倒也热闹。

我与大姐、三妹三个都是女孩子，女孩没有读书的权利是当时的天经地义。我们脑子里从未兴起争取这种权利的念头。倒是二叔读了一点新书，思想比较开通。他有一天对我祖母说：女孩们也应该读点书，认识几个字，将来好看看家信，记个家用帐，免做睁眼瞎子。祖母因信佛，想念心经、大悲咒，没人教，想孙女若认得字便可以教她，便答应了。在上房里清出了两小间土室当是女塾。前面一间算是我们的书房，后面一间设有床帐，供先生歇午并吸食鸦片之用。

先生在家乡是与我祖父同辈的人，算是远房族祖，因祖父在外面做了官，他是来投奔者之一，因此不敢与我们祖父母论辈分，称我祖父为“老爷”，祖母为“太太”。他名字是采五，我们也就喊他为采五先生。我入学时的年龄几何，今已不忆，好像在介于六七岁之间，启蒙已迟了一步。（家里男孩发蒙，是五岁到六岁。）我们开始读的是《三字经》，接着是《千字文》，接着是《女四书》。先生上书几行，教我们乱喊乱叫一阵，读熟了就背，背不出罚再念，以背出为度。我们写字，先描红，就是先生用朱笔写的红字，我们用墨笔描黑，后来先生墨笔写字，教我用一张纸覆在上面影映着写，写过几回，便不影映而照字样描写了。这是下午的功课，下午也上新书、背书。到五点钟的光景，先生要回家，便散学了。

先生上书从来不讲，我们也从来不知文义为何物，记得有一回，先生口授大姐《千家诗》上李白的“床前明月光，疑是地上霜，举头望明月，低头思故乡”那首五言小诗，大姐吟诵着总是发笑，我问她笑甚么？她道：“猪头也跑进诗里来了，岂不可笑？”我也觉可笑，偶然翻到《千家诗》，发现李白的这首原来大姐把“举头”认为“猪头”了。“猪头”二字是俗话，她懂，“举头”二字是文言，她便不解，致有此误会。我比大姐稍知文理是拜一本洋学堂新式教科书之赐。那时洋学堂用一本基督教所编教科书，大都是讲伊索寓言和一些外国古代骑士故事，流入我们的男塾也流入我们的女塾，二叔叫采五先生每天为大姐讲一二节，先生在那边讲，我在距离丈许的小桌上练习写字便竖起耳朵听，散学后，我独留塾中，借塾中图书翻到那一课，便读下去，不久便稍懂文理。先生叫大姐复讲所听书，她复讲不出，我便代讲了，先生甚以为奇，说你仅读一年的书，讲书竟比你姐强，按照你的程度可以对对子了，便出了“黄花”二字，要对“绿叶”二字才可。要颜色对颜色，物类对物类，并须讲平仄，平对仄，仄对平，不可错误。大姐对颜色物类尚可对得不错，平仄则永远缠不清，我则一点即通，很少弄错。很快的便由二字对发展为三字对，先生说能对五字，便可做诗了，但尚未达此阶段，采五先生以老病辞职返里，我们便辍了学。

……

我的姐妹对读书却毫无兴趣。此时我母亲已挈带二哥和三弟赴山东我父亲处，大姐便代替她伺候祖母，闲时学点女红，三妹也做点简单针线之类。只有我好像天生与书有缘，读了“征东”、“扫北”之类，便从外面男塾找些比较高级的小说来读，如《三国》《水浒》之类，渐渐地读文言小说如《聊斋志异》《阅微草堂笔记》之类。清末林译风行，我又读到林畏庐译的《鬼山狼侠传》《撒克逊劫后英雄录》《十字军东征记》等等，觉得域外风光，胜于我国那些旧小说，读得几乎入了迷。忽想自己来创作，便用林译的笔调来写日记。每日写几节，内容无非几只小猫的起居注及家里祖母、诸婶等生活琐屑，也有些描写景物的小品，文笔倒是清新流丽，活泼自然，虽写得并不如何好，也算是我最初的创作，其中包蕴我一段最娇嫩的青春无忧的岁月，值得纪念，其后因有一位远房亲戚的男士，来访我哥哥，偶然将这部日记翻开来看，被我自己自他手中一把抢过来一撕为两，倒教那个亲戚吓得脸红耳赤，几乎不能下台，我这种卤莽举动，并非有意羞辱他，只觉得自己作品太幼稚，不能见人，毁弃它不过表示自己羞愧如何之深罢了。

记得随祖父流寓上海时，我编了一部猫鼠两国开战故事，讲给三弟听。一面讲，一面画。用的是洋纸，傅染彩色。人物虽是猫鼠其首而身体则人，是抄袭《日俄战争帖》而稍加改作的。那些猫鼠战士都穿着新军制服，拿着新式枪械，在战场上双方骑步并进，冲锋陷阵，炮火连天，硝烟满地，场面甚为壮观。画了许多幅，订成一册，后来也被我自己撕破烧毁了，于今想起来倒甚为可惜。这些画不论工拙，总是童年纪念，为什么要毁去。我一辈子不知看重自己的为人，也一辈子不知看重自己的作品。不知是何原因？或者我的为人及作品本来没价值，我算有自知之明吧？

祖父替我父亲捐了一个道员，是候补性质，那时清廷财政困难，大开捐输之门，这种候补道多逾过江鲫，一辈子也莫想补授实缺的希望，父亲分发在山东候补，母亲携二哥三弟，跟了去，独我与大姐留在祖父县署里，民初前几年，祖父已由兰溪调到杭州的仁和、钱塘，父亲在山东五年，虽没有补上实缺，上宪对他垂青，差委倒是不断。后来那上宪他调，他看前途无望，便回到祖父膝前了。父母去山东时我八岁，回来时十二岁，父亲认为我资质聪明，便亲自教我和大姐的书。他从前也进过一回学，有秀才的功名，学问是比采五先生和那位表叔强得多，但也不算如何好。他教我念完《唐诗三百首》，接着便教《古诗源》，散文则由《古文观止》教到《古文辞类纂》。二妹说她对读书没兴趣，不愿和我们同受教，只好由她。

我从采五先生学做对子，已知平仄，现在也能诌一二首七绝之类，读了《古诗源》，再能做一二首五古，父亲惊为奇才，逢人就夸。更买了一部袁枚的《小仓山房诗集》叫我自己去读。知道我好画，又买了若干珂罗版的四王山水，叫我临摹。后来上海出版了吴友如画的全集，父亲也买了来，供我参考。我只翻看吴氏那些社会新闻画，当做报纸读，并未去摹写，实际上也没法摹写。

父亲自山东回来半年后又要远征云南。家人都以云南太僻远，劝他莫去。他却说正因云南僻远，官场竞争者少，他的这个道员，始终未补上缺，到云南或者可以。又听见李经义放了云贵总督，李是安徽人，或能念同乡之谊，拉他一把，所以毅然去了，这一次我母亲并未偕行。我们读书之事当然停止了。

选自苏雪林著《苏雪林自传》，南京：江苏文艺出版社，1996.12。

老舍（*1899—1966*）

原名舒庆春，北京人，中国现代小说家、著名作家、杰出的语言大师、人民艺术家，新中国第一位获得“人民艺术家”称号的作家。著有《小坡的生日》《猫城记》《骆驼祥子》《四世同堂》等，短篇小说《月牙儿》等。

我的母亲

◆老 舍

母亲的娘家是北平德胜门外，土城儿外边，通大钟寺的大路上的一个小村里。村里一共有四五家人家，都姓马。大家都种点不十分肥美的地，但是与我同辈的兄弟们，也有当兵的，作木匠的，作泥水匠的，和当巡察的。他们虽然是农家，却养不起牛马，人手不够的时候，妇女便也须下地作活。

对于姥姥家，我只知道上述的一点。外公外婆是什么样子，我就不知道了，因为他们早已去世。至于更远的族系与家史，就更不晓得了；穷人只能顾眼前的衣食，没有功夫谈论什么过去的光荣；“家谱”这字眼，我在幼年就根本没有听说过。

母亲生在农家，所以勤俭诚实，身体也好。这一点事实却极重要，因为假若我没有这样的一位母亲，我以为我恐怕也就要大大的打个折扣了。

母亲出嫁大概是很早，因为我的大姐现在已是六十多岁的老太婆，而我的大外甥女还长我一岁啊。我有三个哥哥，四个姐姐，但能长大成人的，只有大姐，二姐，三姐，三哥与我。我是“老”儿子。生我的时候，母亲已有四十一岁，大姐二姐已都出了阁。

由大姐与二姐所嫁入的家庭来推断，在我生下之前，我的家里，大概还马马虎虎的过得去。那时候定婚讲究门当户对，而大姐丈是作小官的，二姐丈也开过一间酒馆，他们都是相当体面的人。

可是，我，我给家庭带来了不幸：我生下来，母亲晕过去半夜．才睁眼看见她的老儿子——感谢大姐，把我揣在怀中，致未冻死。

一岁半，我把父亲“克”死了。

兄不到十岁，三姐十二、三岁，我才一岁半，全仗母亲独力抚养了。父亲的寡姐跟我们一块儿住，她吸鸦片，她喜摸纸牌，她的脾气极坏。为我们的衣食，母亲要给人家洗衣服，缝补或裁缝衣裳。在我的记忆中，她的手终年是鲜红微肿的。白天，她洗衣服，洗一两大绿瓦盆。她作事永远丝毫也不敷衍，就是屠户们送来的黑如铁的布袜，她也给洗得雪白。晚间，她与三姐抱着一盏油灯，还要缝补衣服，一直到半夜。她终年没有休息，可是在忙碌中她还把院子屋中收拾得清清爽爽。桌椅都是旧的，柜门的铜活久已残缺不全，可是她的手老使破桌面上没有尘土，残破的铜活发着光。院中，父亲遗留下的几盆石榴与夹竹桃，永远会得到应有的浇灌与爱护，年年夏天开许多花。

哥哥似乎没有同我玩耍过。有时候，他去读书；有时候，他去学徒；有时候，他也去卖花生或樱桃之类的小东西。母亲含着泪把他送走，不到两天，又含着泪接他回来。我不明白这都是什么事，而只觉得与他很生疏。与母亲相依为命的是我与三姐。因此，她们作事，我老在后面跟着。她们浇花，我也张罗着取水；她们扫地，我就撮土……从这里，我学得了爱花，爱清洁，守秩序。这些习惯至今还被我保存着。

有客人来，无论手中怎么窘，母亲也要设法弄一点东西去款待。舅父与表哥们往往是自己掏钱买酒肉食，这使她脸上羞得飞红，可是殷勤的给他们温酒作面，又给她一些喜悦。遇上亲友家中有喜丧事，母亲必把大褂洗得干干净净，亲自去贺吊——份礼也许只是两吊小钱。到如今如我的好客的习性，还未全改，尽管生活是这么清苦，因为自幼儿看惯了的事情是不易改掉的。

姑母常闹脾气。她单在鸡蛋里找骨头。她是我家中的阎王。直到我入了中学，她才死去，我可是没有看见母亲反抗过。“没受过婆婆的气，还不受大姑子的吗？命当如此！”母亲在非解释一下不足以平服别人的时候，才这样说。是的，命当如此。母亲活到老，穷到老，辛苦到老，全是命当如此。她最会吃亏。给亲友邻居帮忙，她总跑在前面：她会给婴儿洗三——穷朋友们可以因此少花一笔“请姥姥”钱——她会刮痧，她会给孩子们剃头，她会给少妇们绞脸……凡是她能作的，都有求必应。但是吵嘴打架，永远没有她。她宁吃亏，不斗气。当姑母死去的时候，母亲似乎把一世的委屈都哭了出来，一直哭到坟地。不知道哪里来的一位侄子，声称有承继权，母亲便一声不响，教他搬走那些破桌子烂板凳，而且把姑母养的一只肥母鸡也送给他。

可是，母亲并不软弱。父亲死在庚子闹“拳”的那一年。联军入城，挨家搜索财物鸡鸭，我们被搜两次。母亲拉着哥哥与三姐坐在墙根，等着“鬼子”进门，街门是开着的。“鬼子”进门，一刺刀先把老黄狗刺死，而后入室搜索。他们走后，母亲把破衣箱搬起，才发现了我。假若箱子不空，我早就被压死了。皇上跑了，丈夫死了，鬼子来了，满城是血光火焰，可是母亲不怕，她要在刺刀下，饥荒中，保护着儿女。北平有多少变乱啊，有时候兵变了，街市整条的烧起，火团落在我们院中。有时候内战了，城门紧闭，铺店关门，昼夜响着枪炮。这惊恐，这紧张，再加上一家饮食的筹划，儿女安全的顾虑，岂是一个软弱的老寡妇所能受得起的？可是，在这种时候，母亲的心横起来，她不慌不哭，要从无办法中想出办法来。她的泪会往心中落！这点软而硬的个性，也传给了我。我对一切人与事，都取和平的态度，把吃亏看作当然的。但是，在做人上，我有一定的宗旨与基本的法则，什么事都可将就，而不能超过自己划好的界限。我怕见生人，怕办杂事，怕出头露面；但是到了非我去不可的时候，我便不得不去，正像我的母亲。从私塾到小学，到中学，我经历过起码有廿位教师吧，其中有给我很大影响的，也有毫无影响的，但是我的真正的教师，把性格传给我的，是我的母亲。母亲并不识字，她给我的是生命的教育。

（原载 1943 年 4 月《半月文萃》第 1 卷第 9、10 期合刊）

选自老舍著《老舍散文》，杭州：浙江文艺出版社，2000.10。

巴金（1904—2005）

原名李尧棠，四川成都人。著名作家、翻译家、社会活动家。代表作《家》《寒夜》《随想录》。因撰写《随想录》，被誉为“二十世纪中国文学的良心”。

我的几个先生

◆巴 金

在给香港朋友的信里，我说明了“是什么东西把我养育大的”。现在我应该接着来回答“是些什么人把我教育成了这样的”这个问题了。这些人不是在私塾里教我识字读书的教书先生，也不是在学校里授给我新知识的教员。我并没有受到他们的什么影响，所以我很快地忘记了他们。给了我较大影响的还是另外一些人，倘使没有他们，我也许不会成为现在这个样子。

我的第一个先生就是我的母亲。我已经说过使我认识“爱”字的是她。在我幼小的时候，她是我的世界的中心。她很完满地体现了一个“爱”字。她使我知道人间的温暖；她使我知道爱与被爱的幸福。她常常用温和的口气，对我解释种种的事情。她教我爱一切的人，不管他们贫或富；她教我帮助那些在困苦中需要扶持的人；她教我同情那些境遇不好的婢仆，怜恤他们，不要把自己看得比他们高，动辄将他们打骂。母亲自己也处过不少的逆境。在大家庭里做媳妇，这苦处是不难想到的。[①] 但是母亲从不曾在我的眼前淌过泪，或者说过什么悲伤的话。她给我看见的永远是温和的、带着微笑的脸。我在一篇短文里说过："我们爱夜晚在花园上面天空中照耀的星群，我们爱春天在桃柳枝上鸣叫的小鸟，我们爱那从树梢洒到草地上面的月光，我们爱那使水面现出明亮珠子的太阳。我们爱一只猫，一只小鸟。我们爱一切的人。"这个爱字就是母亲教给我的。

因为受到了爱，认识了爱，才知道把爱分给别人，才想对自己以外的人做一些事情。把我和这个社会联起来的也正是这个爱字，这是我的全性格的根柢。

因为我有这样的母亲，我才能够得到允许（而且有这种习惯）和仆人、轿夫们一起生活。我的第二个先生就是一个轿夫。

轿夫住在马房里，那里从前养过马，后来就专门住人。有三四间窄小的屋子。没有窗，是用竹篱笆隔成的，有一段缝隙，可以透进一点阳光，每间房里只能放一张床，还留一小块地方做过道。轿夫们白天在外面奔跑，晚上回来在破席上摆了烟盘，把身子缩成一堆，挨着鬼火似的灯光慢慢地烧烟泡。起初在马房里抽大烟的轿夫有好几个，后来渐渐地少了。公馆里的轿夫时常更换。新来的年轻人不抽烟，境遇较好的便到烟馆里去，只有那个年老瘦弱的老周还留在马房里。我喜欢这个人，我常常到马房里去，躺在他的烟灯旁边，听他讲种种的故事。他有一段虽是悲痛的却又是丰富的经历。他知道许多、许多的事情，他也走过不少的地方，接触过不少的人。他的老婆跟一个朋友跑了，他的儿子当兵死在战场了。他孤零零的活着，在这个公馆里他比谁更知道社会，而且受到这个社会不公平的待遇。他活着也只是痛苦地捱日

---

①《家》里面有一段关于母亲的话，还是从大哥给我的信里摘录下来的："她又含着眼泪把她嫁到我们家来做媳妇所受的气一一告诉我。……爹以过班知县的身份进京引见去了。她在家里日夜焦急地等着……这时爹在北京因验看被驳，陷居京城。消息传来，爷爷时常发气，家里的人也不时揶揄。妈心里非常难过。……她每接到爹的信总要流一两天的眼泪。"

子。但是他并不憎恨社会，他还保持着一个坚定的信仰：忠实地生活。用他自己的话来说："火要空心，人要忠心。"他这"忠心"并不是指奴隶般地服从主人。他的意思是忠实地依照自己的所信而活下去。他的话和我的母亲的话完全两样。他告诉我的都是些连我母亲也不知道的事情。他并不曾拿"爱"字教我。然而他在对我描绘了这个社会的黑暗面，或者叙说了他自己的悲痛的经历以后，就说教似的劝告我："要好好地做人，对人要真实，不管别人待你怎样，自己总不要走错脚步。自己不要骗人，不要亏待人，不要占别人的便宜……"我一面听他这一类的话，一面看他的黑瘦的脸，陷落的眼睛和破衣服裹住的瘦得见骨的身体，我看见他用力从烟斗里挖出烧过两次的烟灰去拌新的烟膏，我心里一阵难受，但是以后禁不住想是什么力量使他到了这样的境地还说出这种话来！

马房里还有一个天井，跨过天井便是轿夫们的饭厅，也就是他们的厨房。那里有两个柴灶。他们做饭的时候，我常常跑去帮忙他们烧火。我坐在灶前一块石头上，不停地把干草或者柴放进灶孔里去。我起初不会烧火，看看要把火弄灭了，老周便把我拉开，他用火钳在灶孔里弄几下，火就熊熊地燃了起来。他放下火钳得意地对我说："你记住，火要空心，人要忠心。"的确，我到今天还记得这样的话。

我从这个先生那里略略知道了一点社会情况。他使我知道在家庭以外还有所谓社会，而且他还传给我他那种生活态度。日子一天一天像流星似地过去。我渐渐地长大起来。我的脚终于跨出了家庭的门限。我认识了一些朋友，我也有了新的经历……

1936年9月

选自劳讲选编《巴金散文》，杭州：浙江文艺出版社，2009.06。

臧克家（1905—2004）

山东诸城人，现代著名诗人。曾任《诗刊》主编，代表作有《烙印》《宝贝儿》。其短诗《有的人》被广泛传颂。

诗的根芽

◆ 臧克家

如果说，遗传对于一个人的气质、性情、天才有着重大的关系的话不是妄诞；如果童年环境的气氛对于一个人的事业与爱好有着几乎是决定的关系是事实，那么，我将把我学诗的故事在这上面扎根了。

我的父亲是一个神经质的人。他，仁慈，多感，热烈，感情同他的身躯一样的纤弱。他在每个人眼里都是良善可亲，不论亲疏都对他好，就像他对每个人都好一样。他是一个公子，一个革命者，一个到处在女人身上乱抛热情的人。结果，女人把他的身体盗成了空洞，革命使他打一柄伞跳下城墙跌得吐血——一直在病榻上侧着身子（连转动的力量也没有了）躺了三年，任病魔的小手一扣一扣地扼死了他。他喜欢诗，他的气质、情感、天才和诗最接近。我常常用悲惨的耳朵听他在一年四季不透风丝的病房的炕上，用抖颤的几乎细得无声的感伤的调子，吟他同我一位叔叔唱和的诗句。也许是太兴奋了，也许是过去的影子使他黯伤，也许是太劳累了的缘故，诗还没读完．苍白的脸上便泛起红色。咳嗽一阵，接着一条一条血丝随着一口一口的白沫从口里拉了出来。

《霞光剑影》，这是他们唱和的集子，一个叫“红榴花馆主人”，另一个则是“双情居士”。

祖父和父亲正相反，板着铁脸，终天不说一句话，说一句话像钉子打进木头里去一样。没有一个人不怕他，躲他。但，他也特别好诗，白香山，他最喜欢。有时，在鸦片烟灯底下，他忽然放开心头的铁闸，用湍流的热情，洪亮的高声朗诵起《长恨歌》来，接着又是《琵琶行》。他的声音使我莫名其妙地感动，不是他的声音，是他诗的热情燃烧了我的一颗小小的心。这时候，他简直变成了另一个人。他教着我同一位比我年长两岁的族叔一起读书，读诗。“自君之出矣，不复理残机……”的相思情，“居高声自远，非是借秋风”的吟蝉诗，在当时只学着哼一个调子，今日回味起来，却无限深情与感慨了。

他有时也用诗同我谈话。记得有一次为了一个乡村的姑娘我痛苦得几乎不能活下去！祖父知道了这回事，可是他却不说破它。当我走到他的屋子里去时，他拉开抽屉取出一片纸片子来递给了我，上面写着这样的诗句：“青蚕栖绿叶，起眠总相宜，一任情丝吐，却忘自缚时！”他把这经验的结晶，苦痛之余的忏悔的诗句送给刚刚扑上情网的一个十四五岁的孩子。

我，就是父亲的一帧小型的肖像。我是他生命的枯枝上开出来的一朵花。他给了我一个诗的生命。那时节，我还不够了解诗，但环境里的诗的气氛却鼓荡了我蒙昧的心。

我的庶祖母是一个多才巧嘴的人，她没有能够好好受过教育，但她却那样富于文艺天才。她就等于我的保姆，照看我，陪我玩，常常说《聊斋》《水浒》《封神榜》《西游记》给我听。在灯前月下，她高了兴或我高了兴（也许是寂寞不过了），逼着她，便有很多富于诗意的故事从她巧妙的口里吐出来。往往是仙女同凡人恋爱的故事，而最后，是一个悲惨的结局。它，常引出我的眼泪和幻想，像在心上打一个血的印记一样，一生也不能磨灭。

还有几个农人，特别是六机匠，我必须提到他。虽然他不认识一个字，然而我得承认他是一个“天才”，他对我文艺兴趣（多半是诗的）的培植，撩拨，启发，是尽了最大的功劳的。说他是我的蒙师，也算不得夸大。虽然，认真地这么说出口来会成为笑话。

六机匠，是我家的佃户，也是我家的一房远房亲戚，光杆一条，屋子里一张织布机，一张锄。他的房子，就是我的家——灵魂的家。两间小土房里的那一团空气，吸引着每一个人，像一块磁石吸引着铁屑一样。形形色色的“闲人”，带着不同的情趣走进他的门来，爬上他的炕头。谈故事，说笑话，嬉谑诨调，逞才斗技，神色、声音、手势，叫情感联系在一起，说的人，绘形绘声色舞眉飞，听的人也到了忘形的地步。这时候，屋子里烟云缥缈，空气活泼得像开了冻的春水。而六机匠，更是一个出众的故事圣手。他的记忆力强，描绘的手腕高，能把一个故事的情节，夸张地、形象地、诗意地、活枝鲜叶地送到你的眼前来，好像展开一幅图画。他的材料是掘不尽的宝藏，而且花样常常地翻新。赶一次“集”回来，他便会把从说大鼓的口里听来的故事（每次赶集，他总不吝惜这几个铜板的花费）增叶添枝地更生动更好听地说给你。有时，一个英雄的金锣投到半空去，半个月不叫它落下来，叫听的人留一个想头，心总是念着它。他说故事往往用韵语和腔调唱出来，伴同着表演的神态和姿势。他是用热情用灵魂的口来说这故事以安慰自己和别人。故事，就是他的创作，诗的创作，听的人，被他领到一个诗的世界里去。

有时，他一面脚踏着“机”板，手抛着梭，口说着故事，眼睛在左右地跳动。仿佛听人朗诵一篇叙事诗一样，机声就是它最美丽的节奏。有多少个小庭院开着白葫芦花的黄昏，有多少秋日苦雨的灯下，有多少风雪扑窗的热炕头上，有多少春天的好日子（在醇酒一样的艳阳下随着他到绿色的郊原上去），听他的故事——他的心声，他的诗。在他的屋子里，我认识了许多灵魂，在他的屋子里我得到了盎洋的诗趣，在他的屋里我洗白了自己的心。

六机匠，他把诗的苗子插在了我心的田地上。

我的村子像平原大海里的一尊小孤岛，岸然地，倔强地，孤僻地站立着。从它怀抱里生长出来的人，也同它的个性一样。曾祖父、祖父一行都城过“大清皇帝”的“顶子”，有一颗还是“红”的，然而为了不愿在不合理的强权之下低头，为了与生俱来的“做上”的性子和正义感所驱使，宁愿叫皇帝的朱砂笔把全家的功名一下子勾到底，七十岁的老头子们剪去了苍白的小辫在县城上插起了革命的大旗！

“你说‘县知事’是什么人？‘县知事’就是人民的公仆！”

这是曾祖父给我这个小孩子的庭训。他们的这不挠不屈的精神和爱穷人、抗强权的肝胆，给我以很深的印象。

选自臧克家著《臧克家回忆录（第2版）》，北京：中国工人出版社，2008.04。

萧红（*1911—1942*）

原名张乃莹，黑龙江省哈尔滨市呼兰区人。现代著名女作家，“民国四大才女”之一，被誉为“30年代文学洛神”。代表作有《生死场》《呼兰河传》等。

永远的憧憬和追求

◆萧　红

一九一一年，在一个小县城里边，我生在一个小地主的家里。那县城差不多就是中国的最东最北部——黑龙江省——所以一年之中，倒有四个月飘着白雪。

父亲常常为着贪婪而失掉了人性。他对待仆人，对待自己的儿女，以及对待我的祖父都是同样的吝啬而疏远，甚至于无情。

有一次，为着房屋租金的事情，父亲把房客的全套的马车赶了过来。房客的家属们哭着诉说着，向我的祖父跪了下来，于是祖父把两匹棕色的马从车上解下来还了回去。

为着这匹马，父亲向祖父起着终夜的争吵。“两匹马，咱们是算不了什么的，穷人，这匹马就是命根。”祖父这样说着，而父亲还是争吵。九岁时，母亲死去。父亲也就更变了样，偶然打碎了一只杯子，他就要骂到使人发抖的程度。后来就连父亲的眼睛也转了弯，每从他的身边经过，我就像自己的身上生了针刺一样：他斜视着你，他那高傲的眼光从鼻梁经过嘴角而后往下流着。

所以每每在大雪中的黄昏里，围着暖炉，围着祖父，听着祖父读着诗篇，看着祖父读诗篇时微红的嘴唇。

父亲打了我的时候，我就在祖父的房里，一直面向着窗子，从黄昏到深夜——窗外的白雪，好像白棉花一样飘着，而暖炉上水壶的盖子则像伴奏的乐器似的振动着。

祖父时时把多纹的两手放在我的肩上，而后又放在我的头上，我的耳边便响着这样的声音：

“快快长吧！长大就好了。”

二十岁那年，我就逃出了父亲的家庭。直到现在还是过着流浪的生活。

“长大”是“长大”了，而没有“好”。

可是从祖父那里，知道了人生除掉了冰冷和憎恶而外，还有温暖和爱。

所以我就向这“温暖”和“爱”的方面，怀着永久的憧憬和追求。

选自李辉主编《萧红自述》，郑州：大象出版社，2004.12。

张允和（*1909—2002*）

安徽合肥人，作家、教材编辑。著名的“张家四姐妹”（“合肥四姊妹”）中的“二姐”。晚年致力于写作，著有《最后的闺秀》《昆曲日记》等书。

亲爱的父亲

◆ 张允和

家里有万顷良田，每年有十万石租，是典型的大地主家庭。父亲可能是因为很早就离开了老家接受了新思想，他完全冲出了旧式家庭的藩篱，一心钻进了书堆里。这个家庭带给他的最大便利和优越条件是他可以随心所欲地买书。他痛恨赌博，从不玩任何牌，不吸任何烟，一生滴酒不沾。

父亲 17 岁结婚，妈妈比他大四岁。达理知书温良贤德的母亲不但担起了管理一个大家庭的重任，而且一直像大姐姐一样爱护、关心、帮助父亲。

……

在苏州，我们度过了一生中最幸福的日子，父亲对书籍的热爱和对知识的渴求也得到了最大限度的满足。当时能订到或买到的所有报纸他都要看，《申报》《新闻报》《苏州明报》《吴县日报》等，以及一些比较出名的小报，如《晶报》《金钢钻报》等。至于家里的藏书，在苏州是出了名的，据讲不是数一也是数二。家里专门有两间很大的房间，四壁都是高及天花板的书架，整整齐齐摆满了书。除了为数不少的善本和线装书外，父亲不薄古人也爱今人，现代和当代出版的书籍，各种名著和一般的文艺作品他都及时买进。尤其是“五四”以后一些最新鲜最富营养的作品，如鲁迅先生的作品和许多流派的新书名著他都一本不漏。

大姐元和曾回忆说：“父亲最喜欢书，记得小时候在上海，父亲去四马路买书，从第一家书店买的书丢在第二家书店，从第二家买的书丢在第三家书店……这样一家家下去，最后让男仆再一家家把书捡回来，住的饭店的房间中到处堆满了书。”在苏州的闹市观前街上，有两家规模较大的书店，老板、伙计都与父亲很熟悉，父亲一去他们就陪着在书架前挑选。平时书店进了新书就整捆地送到家里来，父亲买书都是记账的，逢年逢节由管家结账付钱。当时苏州的缙绅富户不少，但像父亲这样富在藏书、乐在读书的实在不多。

父亲的藏书我们可以自由翻看，他从不限制，书籍给我们的童年和青少年生活带来了巨大的快乐。但钟鸣鼎食、诗书传家的生活并没有使父亲满足，他想让更多的孩子，尤其是女孩子接触新思想，接受新生活，用知识和文化的力量，使她们摆脱旧的陈腐的道德观念的束缚，成为身心健康的对社会有用的人。父亲开始办了一个幼儿园，他的初衷是想完成一个幼儿园—小学—初中—高中—大学的系列规划，但因力所不及的种种原因，真正办成并坚持了 17 年的只有乐益女中。为乐益，父亲倾注了全部的精力和财产。

……

父亲对我们四个女孩子尤其钟爱，他为我们起的名字不沾俗艳的花草气：元和、允和、兆和、充和。后来有人在文章中说，张家女孩子的名字都带两条腿，暗寓长大以后都要离开家。我想，父亲从小给了我们最大限度的自由发展个性、爱好的机会，让我们受到了尽可能好的、全面的教育，一定是希望我们不同于那个时代一般的被禁锢在家里的女子，希望我们能迈开健康有力的双腿，走向社会。

父亲在家里从不摆架子耍威风，甚至对佣人也没有训斥过，只有一次门房杨三赌钱，父亲敲了他的“栗子”（用指头敲脑门儿），因为父亲最最恨赌钱。我们四姊妹中，大姐元和文静端庄，是典型的大家闺秀；三妹兆和忠厚老实、聪明胆小，但有时也非常顽皮，因为是家里的第三个女孩子，没有人娇惯她。她也习惯了在做了错事后挨罚时老老实实的，不哭也不求饶，处罚决定都是母亲作出的，大多是罚坐板凳或关在房间里不让出来；四妹充和聪慧乖觉，规规矩矩，加上从小过继给了二祖母当孙女，很少和我们在一起，印象中她从不“惹是生非”。我是家里男女孩子加起来的头号顽皮大王，从小体弱多病，仗着父母的疼爱“无法无天”，有时还欺负好脾气的父亲。父亲年纪轻轻就有些秃顶，没有几根头发却很喜欢篦头，一有空就靠在沙发上说“小二毛，来篦头”。我站在沙发后面很不情愿地篦，篦着篦着他就睡着了。我拿梳子在他脑袋上边戳边说：“烦死了，烦死了，老要篦头。”他只好睁开眼睛躲着梳子：“哎，哎，哎，做什么，做什么戳我。”我顺势扔了梳子，父亲并不真生气，自己把头发理好找话逗我开心：“小二毛，正在看什么书？”

父亲在这种时候常给我讲故事，他讲的故事不但有趣味还有文采，让人一辈子也忘不了。比如近 80 年前讲的一则成都诗婢家的小故事：那个注四书五经的郑玄（郑康成），家里尽为诗婢、书婢。有一天一个丫头跪在院中，另一丫头看见问：“胡为乎泥中（为什么滚一身泥巴）？”跪着的丫头答道：“薄言往愬（也曾向他去倾诉），逢彼之怒（他反而向我大发怒）。”家中丫环玩笑时皆用《诗经》中语，可见文采通过细微言行所倡导的家风是什么了。这样的小故事还有几则，我给孙女庆庆讲过，可惜这一代人都太忙，不一定记得住也不一定感兴趣。重孙小安迪五岁正是可以听这样的故事的年龄，可他在加拿大，不可能有人给他讲，每次回来的时间太短，玩还不够呢。

我是急性子，说话快，走路快，做什么事都快。我看书一目十行，父亲更快，一目十二行。我做过试验，和父亲同看书，我还有几行没看完他已经翻页了。父亲爱看书不但影响了我们，连家里的佣人、保姆做的时间长了都染上了书卷气。他们从识字开始，到看书甚至评论故事情节和书中人物。我还能记起他们常说的有《再生缘》和《天雨花》。

父亲从小喜爱昆曲，年轻时就对曲谱版本进行研究。我11岁左右，1921年前，昆曲传习所尚未成立，爸爸就带我们到全浙会馆（苏州养由巷）看昆曲。全是曲友演戏。有教育局长潘震霄的戏，其他的戏全不记得了。我爸爸带去的曲谱好多好多，比我们的个子还高。他要我们看戏时对照看剧本。我们只顾看戏，怎么也对不上台词，看戏又看剧本我们认为是苦差事。父亲请了专门的老师在他的书房里教我们姐妹识谱拍曲，让我们看书看戏。我淘气得要命，只看戏不看书。大姐顶规矩，认认真真学，后来又参加曲社，拜名师，习身段，生旦两角都擅长，以至终身姻缘、爱好、事业都因昆曲而起。父亲的爱好多种多样，尤其对新出现的东西，从不放过。当时照相机是极新鲜的东西，我们家里有近20台，小孩子可以随便玩，我们几姊妹都没有兴趣，五弟寰和喜欢摆弄，父亲和蔡元培先生的这张照片就是他照的。留声机家里有大大小小十几台，各种唱片不计其数，架子上放不下就放在地板上，有些受潮都翘起来了。百代公司出品的家庭小型电影放映机一问世，父亲就买了一台，这在当时是再“新潮”不过的事了。

我们在苏州的家里，爸爸和大大[①]各有一间书房，中间隔着一个芭蕉院，有时可以看到他们隔窗说话，那永不落叶的芭蕉像一条绿色的绸带连着爸爸大大的心。书房平时没有人去，我曾偷偷钻到母亲的书房看过，记得最清楚的是母亲的书桌上有一个铜镇尺，上面刻着七个字“愿作鸳鸯不羡仙”，这一定是爸爸妈妈的共同心愿。

距父亲去世整整60年了，父亲的言谈举止在我心里依然那么鲜明、亲切、温暖。

选自周有光、张允和著《今日花开又一年》，北京：中国文史出版社，2011.09。

---

① 大大，合肥方言，指母亲——原编者注

冯亦代（*1913—2005*）

浙江杭州人，著名散文家、翻译家。1926年开始发表作品。著有《冯亦代文集》（五卷）等。

怀念祖母

◆ 冯亦代

报上有为西湖之夜写了一段消息的，这对于一个从小生长在西湖的我，真是个莫大的诱惑，使我突然想起我的祖母和我的童年，以及我步入老年后重游故乡的怅惘心情。

从我在后市街的老宅到湖滨，大概要走半个小时，但那时的走路是从来也不计时间的。何况童年时还有黄包车可坐。祖母喜欢游山玩水，下着蒙蒙细雨的清晨或是月上梢头的黄昏，她都会雇辆车，在膝头抱上我，到湖滨去作散心解闷行。她带着我在湖滨一直走到第五公园（那时还没有第六公园）然后又带着我走回来。一路她指点江山，告诉我那些名胜古迹，欣赏大自然对人类的厚爱。黑了，就带我到沿湖马路上的西园茶楼上喝碗茶，坐在窗前还和我前朝后代地谈着，一直到吃完了一碗虾爆鳝丝面才带我回家。

我很喜欢这样的闲行，一面还可以听祖母讲古，她讲的都是与西湖有关的事情，讲到岳母刺字，便意气风发，讲到风波亭，又不胜叹息。祖母识字但没有读过书，她说这些故事，以后听人讲了，便去找书来看。她讲的故事范围很广，现在想来，那时她已看过《三国演义》《水浒》《说岳全传》《白蛇传》《红楼梦》。后一部书她只讲黛玉葬花，有时也提到张君瑞和崔莺莺，但很少讲。我小时候，这部书还是列为禁书的。

现在回想起祖母，我觉得她在那时就已经十分“新潮”，她我行我素，似乎很少顾虑到邻人们背后的指指戳戳。在这世纪二十年代。杭州还是个相当闭塞的地方，哪一家眷属雇车出游，在里弄里便成为一件新闻，邻人们看见我，也常会问你和你奶奶或是你奶奶带着一家人上旗下（湖滨）去了吧，看戏还是吃茶。杭州人常说吃茶吃酒而不说饮字。

她肚子里的故事，引起了我们对她讲的不满足，于是使我们自己去找书读。我在小学三年级时便生吞活剥读完了《水浒》《说岳全传》《三侠五义》这一类书。祖母喜欢看戏，旗下的共和台来了上海的戏班子，她一定带上一家大小去看，（我们南方人说看戏，而不说听戏，也说明了一个文化欣赏的层次）这同样引发了我读《三国演义》的要求，当然《三国演义》比《水浒》文字深奥，但也阻挡不了我们求知的渴望。我的感情脆弱，所以替古人掉眼泪是常有的事。

记得有一年男青年会开幕了，每周末晚放映电影，祖母又得风气之先，带我们去看卓别林的《淘金记》以及范仑铁诺的《月宫宝盆》和《碧血黄沙》等等。卓别林的滑稽动作，范仑铁诺的击剑，都是我们孩子特别喜欢的。有一次不知为什么，我拗了祖母的兴致，大家看电影吃冰激淋，我则被罚不许吃，看见我哭哭啼啼，祖母心软了，从这里我突然懂得祖母的爱我，以后再不使性子不听她的活了。

往事重重，时刻萦绕在我的心头，然而再温旧梦，已不可求得了。去年初夏，回到杭州逗留几天，曾经带着女儿去看我的故居，旧的风火墙已经不见，房屋也改了弄堂式的新建筑。街上的青石板，早已换成柏油路，再也听不见石板下的流水淙淙了。我突然想到了祖母，如今我连她的坟墓也找不到了，我的眼睛潮湿了。

1993年7月22日

选自黄宗英、冯亦代著《归隐书林》，上海：上海文艺出版社，1995.06。

吴祖光（1917—2003）

江苏常州人，著名学者、戏剧家、书法家、社会活动家。主要代表作有话剧《正气歌》《风雪夜归人》，评剧《花为媒》，京剧《三打陶三春》和导演的电影《梅兰芳的舞台艺术》，并有《吴祖光选集》六卷本行世。

偷　钱

◆ 吴祖光

多读了几年书之后，生活便变得比较复杂；所谓复杂，现在想起来不过是和同学们出去玩玩，买些小玩意儿，看戏，看电影，吃零食而已。但在当时马上发生了一个严重问题，便是母亲平常给的那些零用钱，以前并不觉得少，而现在简直是不够用了。

时常和母亲要钱，又说不出个正经的用处，理屈自然辞穷，是一桩很不舒服的事情。因此，在一个清早，所有的人都在睡觉，只有我一人很早起了床时，看见书桌上放着一叠铜子儿，便不免见猎心喜，拿了一小部分放在口袋里上学去了。

当时曾经想到，这就是“偷东西”么？略微有些不安，但马上就想不到这些了。并且始终没有人发觉，于是这便成了我日常的习惯。在没有钱的时候，决不再向母亲索取，径自找到放着钱的地方，拿些便走；不劳而获，确是很轻松很理想的。

胃口越吃越大之时，这个惯贼落了网。曾经有过几次母亲说："咦！怎么这儿的钱少了点……"没有人理会，我只略有激动，事情便过去了。但是有一回我一狠之下把桌上的一大叠铜元全部装进了衣袋，偏偏马上母亲就来拿钱了；全部不翼而飞，马上注意到了我，结果从我的衣袋里破获了全部赃物。

母亲半晌无话，看了我许久，说："你拿这些钱做什么？"

我低了头，说："我想买一副乒乓球，还有网子、拍子……"

母亲说："这是偷钱，做贼，懂么？"又过了一会儿说："到学校里去，回来再跟你说。"那一天我当然很不快活，更使我提心吊胆的是惟恐母亲告诉了父亲，那就糟了。

下学回来，我简直不敢进门，走到堂屋里，看见祖母正在分蛋糕给弟弟妹妹们吃，见了我便说："今天呒没你格份。"我心里可想着："有我的份我也不吃。"

等弟弟姊妹们出去了，祖母手里拿了一管尺，用她的一口常州话说："贼骨头……"她举起尺来说："过来，要敲……"

我见她脸上是在笑着的，祖母平常最喜欢我的，我便装作听不懂她的话，说："什么？敲？"

她说："敲都不懂？

我说："不懂。"

祖母便把尺放下了，我偷眼看站在旁边的母亲，母亲的眼睛是那么温柔的。

晚上我很早就睡了，主要的原出是怕父亲回来。其实我哪里睡得着呢。很久很久，我听见父亲的声音了；随后父亲同母亲走到我床边，我听见父亲说："睡着了么？"

母亲说："睡着了。"

父亲说：“把这个放在这儿吧，又不是不给他钱。一定要偷，多难为情。”

说完父亲就笑了。我面朝里装睡，感觉到母亲把一样东西轻轻摆在我枕头旁边。

我倦得很，听不清父亲和母亲唧唧哝哝说些什么便睡着了。我做了许多梦，很曲折复杂的梦；梦见花开，梦见天上的云和河里的水。

第二天清早醒来时，我一把抱住了枕头边的盒子；打开盖子，里面是两个球拍，一面网子，半打乒乓球。

父亲、母亲、祖母都没有再提过这桩事，而我也没有再偷钱了。

“偷窃”只是一种习惯，一种恶习，我至今这么认为；然而发展下去便是一种罪行了。贪官污吏，以至于窃国大盗，都是因为缺乏管教，一偷再偷；被偷的人起先没发现，后来发现了也不敢管，让这些盗贼结了党，造成了势力，弄得中华民国变成了一个贼国了。

选自吴祖光著《往事随想》，青岛：青岛出版社，2011.05。

学者卷

陈独秀（*1879—1942*）

原名庆同，字仲甫。安徽怀宁（今属安庆市）人。著名思想家、政治家、新文化运动的倡导者之一，中国共产党的创始人和早期的主要领导人之一。1915 年创办了《新青年》杂志。代表作《独秀文存》《陈独秀文章选编》等。

没有父亲的孩子

◆ 陈独秀

休谟[①]的自传开口便说：“一个人写自己的生平时，如果说的太多了，总是免不了虚荣的，所以我的自传要力求简短，人们或者认为我自己之擅写自己的生平，那正是一种虚荣；不过这篇叙述文字所包含的东西，除了关于我自己著作的记载而外，很少有别的，我的一生也差不多是消耗在文字生涯中，至于我大部分著作之初次成功，也并不足为虚荣的对象。”几年以来，许多朋友极力劝我写自传，我迟迟不写者，并不是因为避免什么虚荣；现在开始写一点，也不是因为什么虚荣；休谟的一生差不多是消耗在文字生涯中，我的

① 休谟（1711—1776）：英国哲学家、历史学家、经济学家，著有《人性论》等。

一生差不多是消耗在政治生涯中，至于我大部分政治生涯之失败，也并不足为虚荣的对象。我现在写这本自传，关于我个人的事，打算照休谟的话“力求简短”，主要的是把我一生所见所闻的政治及社会思想之变动，尽我所记忆的描写出来，作为现代青年一种活的经验，不力求简短，也不滥钞不大有生气的政治经济材料，以夸张篇幅。

写自传的人，照例都从幼年时代说起，可是我幼年时代的事，几乎完全记忆不清了。佛兰克林的自传，一开始便说：“我向来喜欢搜集先人的一切琐碎的遗事，你们当能忆及和我同住英格兰时，遍访亲戚故旧，我之长途跋涉，目的正在此。”我现在不能够这样做，也不愿意这样做，只略略写出在幼年时代印象较深的几件事而已。

第一件事：我自幼便是一个没有父亲的孩子。

民国十年（一九二一）我在广东时，有一次宴会席上，陈炯明正正经经的问我：“外间说你组织什么‘讨父团’，真有此事吗？”我也正正经经的回答道：“我的儿子有资格组织这一团体，我连参加的资格也没有，因为我自幼便是一个没有父亲的孩子。”当时在座的人们，有的听了我的话，呵呵大笑，有的睁大着眼睛看着我，仿佛不明白我说些什么，或者因为言语不通，或者以为答非所问。

我出世几个月，我的父亲便死了，真的，我自幼便是一个没有父亲的孩子。我记得我幼时家住在安徽省怀宁县城里，我记得家中有一个严厉的祖父，一个能干而慈爱的母亲，一个阿弥陀佛的大哥。

亲戚本家都绰号我的这位祖父为“白胡爹爹”，孩子们哭时，一说白胡爹爹来了，便停声不敢哭，这位白胡爹爹的严厉可怕便可想见了。这位白胡爹爹有两种怪脾气：一是好洁，一是好静。家中有一角地方有一件桌椅没扫抹干净，我的母亲，我的大姐，便要倒大霉。他不许家中人走起路来有脚步声，我的二姐年幼不知利害，为了走路有时有脚步声，也不知挨过多少次毒打，便是我们的外祖母到我们家里来，如果不是从他眼前经过，都不得不捏手捏脚的像做贼的一般走路，因为恐怕他三不知的骂起来，倒不好出头承认是她的脚步声。我那时心中老是有一个不可解的疑问：这位好洁好静的祖父，他是抽鸦片烟的，在家里开灯不算数，还时常要到街上极龌龊而嘈杂的烟馆去抽烟，才算过瘾，那时他好洁好静的脾气那里去了呢？这一疑问直到半个世纪以后的今天，我才有了解答。第一个解答是人有好群性，就是抽大烟，也得集体的抽起来才有趣；然而这一解答还不免浅薄，更精微奥妙的解答，是烧烟泡的艺术之相互欣赏，大家的全意识都沉没在相互欣赏这一艺术的世界，这一艺术世界之外的一切一切都忘怀了。我这样的解答，别人或者都以为我在说笑话，恐怕只有我的朋友刘叔雅才懂得这个哲学。

我从六岁到八九岁，都是这位祖父教我读书。我从小有点小聪明，可是这点小聪明却害苦了我。我大哥的读书，他从来不大注意，独独看中了我，恨不得我一年之中把《四书》《五经》都读完，他才称意，《四书》《诗经》还罢了，我最怕的是《左传》，幸亏这位祖父或者还不知道“三礼”的重要，否则会送掉我的小性命。我背书背不出，使他生气动手打，还是小事，使他最生气，气得怒目切齿几乎发狂令人可怕的，是我无论挨了如何毒打，总一声不哭，他不只一次愤怒而伤感的骂道：“这个小东西，将来长大成人，必定是一个杀人不眨眼的凶恶强盗，真是家门不幸！”我的母亲为此不知流了多少眼泪，可是母亲对我并不像祖父那样悲观，总是用好言劝勉我，说道：“小儿，你务必好好用心读书，将来书读好了，中个举人替你父亲争口气，你的父亲读书一生，未曾考中举人，是他生前一桩恨事！”我见了母亲流泪，倒哭出来了，母亲一面替我揩眼泪，一面责备我道：“你这孩子真淘气，爹爹那样打你，你不哭，现在倒无端的哭了！”母亲的眼泪，比祖父的板子，着实有威权，一直到现在，我还是不怕打，不怕杀，只怕人对我哭，尤其妇人哭，母亲的眼泪，是叫我用功读书之强有力的命令。我们知道打着不哭的孩子很多，后来虽不定有出息，也不定做强盗。祖父对我的预料，显然不符合，我后来并没有做强盗，并且最厌恶杀人。我以为现时代还不能免的战争，即令是革命战争中的杀人，也是残忍的野蛮的事，然而，战争还有进步的作用；其余的杀人，如政治的暗杀，法律的宣告死刑，只有助长人们的残忍与野蛮性，没有一点好影响，别的杀人更不用说了。

父亲的性格，我不大知道。母亲之为人，很能干而疏财仗义，好打抱不平，亲戚本家都称她为女丈夫；其实她本质还是一个老好人，往往优容奸恶，缺乏严肃坚决的态度。据我所记忆的有两件事，可以充分表现出她这一弱点。

有一位我祖父辈的本家，是我们族里的族长，怀宁话称为“户尊”，在渌水乡地方上是一位颇有点名望的绅董，算得一位小小的社会栋梁。我的母亲很尊敬他，我们小辈更不用说了。有一年（大约是光绪十二年前后），大水冲破了广济圩，全渌水乡（怀宁东乡）都淹没了，这位族长哭丧着脸向我母亲诉说乡民的苦痛之后，接着借钱救济他的家属，我母亲对他十分恭敬，然而借钱的事却终于不曾答应。族长去后，我对母亲说：“我们家里虽然穷，总比淹水的人家好些，何以一个钱不借给他呢？”母亲皱着眉头一言不发。我知道母亲的脾气，她不愿说的话，你再问也是枉然，我只在心中纳闷道：母亲时常当衣借钱济人之急，又时常教训我们，不要看不起穷人，不许骂叫化子，为什么今天不肯借钱给淹水的本家而且她一向尊敬的族长呢？事隔五六年，我才从许多人口中渐渐知道了这位族长的为人：族中及乡邻有争执的事，总得请他判断是非曲直，他于是非曲直的判断，很公平的不分亲疏，一概以所得鸡、米、烟土或老本洋多少为标准，因此有时他的亲戚本家会败诉，外人反而胜利，乡间人都称赞这位绅董公正无私！他还有一件事值得舆论称赞，就是每逢修圩放赈，他比任何人都热心，无论严寒酷暑，都忙着为大众奔波尽义务，凡他所督修的圩工，比别人所担任一段都更不坚固，大概他认为如果认真按照原定的工料做好，于他已是一种损失，失了将来放赈的机会，又是一种损失，这未免自己太对不住自己了！至此我才明白母亲皱眉不语的缘故，是因为她已经深知这位族长之为人，然而她仍旧恭敬他，这岂不是她的弱点吗？

还有这族长手下用的一位户差（户差的职务，是奉行族长命令，逮捕族中不法子孙到祠堂处罚），同时又是一位阴差（阎王的差人），他常常到我们家里来，说他在阴间会见了我们的祖先，我们的祖先没有钱用，托他来要钱买钱纸银锭烧给他们，我的母亲很恭敬的款待他，并且给钱托他代买钱纸银锭，不用说那钱纸银锭是烧给这位当阴差的先生了，这位阴差去后，母亲对我们总是表示不信任他的鬼话。有一天他又来到我们家里过阴，大张开嘴打了一个呵欠，直挺挺的倒在床上，口中喃喃说胡话，谁也听不清楚他说些什么，大概是酆都城的土话罢！是我气他不过，跑去约了同屋及近邻十多个孩子，从前后门奔进来，同声大喊某处失了火，这位阴差先生顿时停止了声响，急忙打了一个小小呵欠便回到阳间来了，闭着眼睛问道："这边有了火烛了罢？"我的母亲站在床边微笑的答道："是的！"他接着说："这可不错罢，我在那边就知道了。"我在旁边弯着腰，缩着颈脖子，用小手捂着嘴，几乎要大笑出来，母亲拿起鸡毛帚子将我赶走的很远，强忍着笑，骂道："你这班小鬼！"但她还是恭恭敬敬用酒肉款待这位阴差爹爹，并且送钱托他买钱纸银锭，这便是我母亲优容奸恶之又一事实。

有人称赞我疾恶如仇，有人批评我性情暴躁，其实我性情暴躁则有之，疾恶如仇则不尽然，在这方面，我和我的母亲同样缺乏严肃坚决的态度，有时简直是优容奸恶，因此误过多少大事，上过多少恶当，至今虽然深知之，还未必痛改之，其主要原因固然由于政治上之不严肃，不坚决，而母亲的性格之遗传，也有影响罢。

选自陈独秀著、秦维红编《陈独秀学术文化随笔》，北京：中国青年出版社，1999.01。

柳诒徵（*1880—1956*）

字翼谋，晚年号劬堂。江苏省镇江丹徒人。著名学者，历史学家、古典文学家、图书馆学家、书法家。中国近现代史学先驱，中国文化学的奠基人，现代儒学宗师。代表作《中国文化史》《国史要义》等。

我的自述

◆ 柳诒徵

一

要晓得我的历史，必须明瞭我家族的遗传，师友的熏习。我家高祖春林公讳棽，是讲理学的，著有《性理汇解附参》一书，我曾经将原稿影印。不讲他的学说，单看他的书法，也可见得他气象的醇和、修养的深厚了。我有一族祖宾叔公，是我父亲的业师，他的年龄八十六岁，我生的第二年，他才去世。他是专门讲经学的，所著《谷梁大义述》，经王先谦刊在《续经解》中。我虽在襁褓之中，不能晓得他的言论风采，但我听我外祖、我母亲以及家里的人讲起他那种古道，真是一个醇儒。他的兄弟翼南公，也讲经学，著有《说文引经考异》，也有刻本。另外著的《尚书解诂》及骈散文，我曾得其手稿，印在图书馆年刊内，并抽印单行本。他的书法，尤为古雅。和宾叔公两人均在《清史·儒林传》内。我自幼就想学春林，宾叔、翼南三公的学问品行。

二

我母亲鲍氏，是镇江世族，最著名的有海门公讳皋、论山公讳之钟、野云公讳文逵，都有诗集行世。我外祖仲铭公讳上宗，是海门公的次子笙山公讳之镛的孙子，凌秋公讳迴的次子。笙山公也能诗能画。凌秋公是讲理学而能办事的，以举人代盐商出官管事。我外祖得他的示范，也是讲究品格，能处理事务。太平天国的时候，外家避兵居东台，穷苦已极。清同治年间，准许乡试的秀才贩运本地的货物到南京售卖，不收捐税，以示优待士子，帮助考费。那时东台的秀才，个个人都贩盐到东台去卖，许多船户兜揽我外祖及伯舅濬卿公讳心诠两个秀才，坐他们的船，带盐到南京去卖。我外祖一概拒绝，说明他的父亲是盐商的管事，只承认盐商按照引地售盐，还要重惩贩私盐的，他如何可以不按引地贩私盐（当时东台的盐，不能运到南京），虽然没有考费，断断不能做这件事。后来许多人传说东台的秀才不贩私盐的只有三家：一是丁绍周家，二是王正济家，三是鲍家。丁是京官，王是巨商，惟鲍最穷，就叫作富贵穷三家。这件事传到镇江知府钱某知道，就聘请我外祖到镇江办善举。我外祖秉公处事，剔除私弊，清理公产。据说他接办普仁堂善举的时候，所有地产房租，只有三个经折，他处理了十几年，到年老告退，交与后人的地产房租经折，有八十几个。

我外祖酒量极好，每晚饮酒，和我母亲及两个舅舅谈话，总是叙述海门、沦山、野云诸公，及凌秋公的诗文道德，以及地方许多名人的掌故。我自幼坐在外祖旁边听他谈话，就得到不少的知识，一心只想做一个人才，不愧我柳、鲍二家的先德。

三

我自幼从母亲读《四书》《五经》《孝经》《尔雅》《周礼》，以及古文、《古诗源》、唐诗。天天要背诵。自七岁至十五六岁，逐日念生书、背熟书，止有腊月廿日以后，正月半前放学，可以自由看书、抄书、游戏。其余读书之日，白天明起即背书，各书背不完，不能吃早粥。我的书读得越多，越念不熟，背书的时间越长。直到我十五岁大病之后，我母亲怕我夭亡，读书的课程才减轻了。彼时我虽读了许多书，也不知道如何讲解，更不知道如何讲求经学；偶然看看《纲鉴易知录》或《四库简明目录》，也不知如何讲求史学及目录学。但我听见本地有许多人家有什么书，我就要想法借来看或抄；所以自十六七岁起，向镇江各家借抄《御纂七经》中的三《礼》一部书，过录惠定宇、张皋文批的《汉书》等，也都是莫明其妙。我父亲的学生陈善余（庆年）听见我很好学，时常找我去谈论。我就从他得到许多讲学问的门径。陈氏的朋友赵申甫先生（勋禾）也赏识我，常和我谈镇江的掌故，以及清朝许多学者的故事。我在廿岁前后，最得此二先生之力。到了廿三岁，陈善余介绍我到南京编译书局，受业于江阴缪艺风先生门下，我就由此常在外乡，在镇江的时候很少。几十年间见到清季及民国许多硕学名人。自己虽然根柢浅薄，也随时跟着若干人前进。陈善余最深于史学，劝我不要专攻词章，因此我也就不大很做诗和骈文。陈的志愿是讲学不做官，我也就只愿讲学不做官。在译书局和常熟宗受于（嘉禄）同事，听他常讲桐城老辈讲学问文章的方法，也就渐窥散文的门径。那时译书局在南京中正街（今白下路）祁门会馆，和义宁陈伯严先生（三立）对门，时常亲炙，粗闻其诗古文绪论。陈戚通州范肯堂先生（当世）常游金陵。寓居陈家，我也常请教他。同时通州名人张季直先生（謇）做文正书院山长时，我应过一回考试，他就赏识我。后来他因有人请他做一部书的序，他托缪先生找一个人代做，缪先生叫我代做，他看了也称很好，所以我常去拜见他。及至办南通学堂，张先生担任过一次监督，更和我是宾主了，张先生办南通学堂，要请我到通州教书，范先生也力劝我，我因在缪先生门下，待我极好，我不忍离开缪先生，婉言辞却。但因到通州之便，与江易园先生（谦）相晤，江先生告我以“三不敷衍”宗旨：一不敷衍自己，二不敷衍古人，三不敷衍今人，我为之极端倾倒。后来江先生任高等师范学校校长，请我教国文。我更常听到江先生许多名论，可惜他因病辞职，在校时间不久，否则他的人格感化，造成南高学风，真是了不得的。

选自柳曾符、柳佳编《劬堂学记》，上海：上海书店出版社，2002.09。

胡适（1891—1962）

原名嗣穈，字适之，徽州绩溪人。现代著名学者、中国自由主义的先驱，在文学、哲学、史学、考据学、教育学、伦理学、红学等诸多领域都有深入的研究。曾任北京大学校长、中华民国驻美大使等职。胡适因提倡文学改良而成为新文化运动的领袖之一，对中国近代史产生了较为深远的影响。著有《白话文学史》《胡适文存》《尝试集》《中国哲学史大纲》等书。

九年的家乡教育

◆ 胡　适

二

我父亲死时，我母亲只有二十三岁。我父初娶冯氏，结婚不久便遭太平天国之乱，同治二年（1863）死在兵乱里。次娶曹氏，生了三个儿子，三个女儿，死于光绪四年（1878）。我父亲因家贫，又有志远游，故久不续娶。到光绪十五年（1889），他在江苏候补，生活稍稍安定，才续娶我的母亲。我母亲结婚后三天，我的大哥嗣稼也娶亲了。那时我的大姊已出嫁生了儿子。大姊比我母亲大七岁。大哥比她大两岁。二姊是从小抱给人家的。三姊比我母亲小三岁，二哥三哥（孪生的）比她小四岁。这样一个家庭里忽然来了一个十七岁的后母，她的地位自然十分困难，她的生活自然免不了痛苦。

结婚后不久，我父亲把她接到了上海同住。她脱离了大家庭的痛苦，我父又很爱她，每日在百忙中教她认字读书，这几年的生活是很快乐的。我小时也很得我父亲钟爱，不满三岁时，他就把教我母亲的红纸方字教我认。父亲作教师，母亲便在旁作助教。我认的是生字，她便借此温她的熟字。他太忙时，她就是代理教师。我们离开台湾时，她认得了近千字，我也认得了七百多字。这些方字都是我父亲亲手写的楷字，我母亲终身保存着，因为这些方块红笺上都是我们三个人的最神圣的团聚生活的纪念。

我母亲二十三岁就做了寡妇，从此以后，又过了二十三年。这二十三年的生活真是十分苦痛的生活，只因为还有我这一点骨血，她含辛茹苦，把全部希望寄托在我的渺茫不可知的将来，这一点希望居然使她挣扎着活了二十三年。

我父亲在临死之前两个多月，写了几张遗嘱，我母亲和四个儿子每人各有一张，每张只有几句话。给我母亲的遗嘱上说穈儿（我的名字叫嗣穈，穈字音门）天资颇聪明，应该令他读书。给我的遗嘱也教我努力读书上进。这寥寥几句话在我的一生很有重大的影响。我十一岁的时候，二哥和三哥都在家，有一天我母亲向他们道："穈今年十一岁了。你老子叫他念书。你们看看他念书念得出吗？"二哥不曾开口，三哥冷笑道："哼，念书！"二哥始终没有说什么。我母亲忍气坐了一会，回到了房里才敢掉眼泪。她不敢得罪他们，因为一家的财政权全在二哥的手里，我若出门求学是要靠他供给学费的。所以她只能掉眼泪，终年不敢哭。

但父亲的遗嘱究竟是父亲的遗嘱，我是应该念书的。况且我小时很聪明，四乡的人都知道三先生的小儿子是能够念书的。所以隔了两年，三哥往上海医肺病，我就跟他出门求学了。

三

我在台湾时，大病了半年，故身体很弱。回家乡时，我号称五岁了，还不能跨一个七八寸高的门槛。但我母亲望我念书的心很切，故到家的时候，我才满三岁零几个月，就在我四叔父介如先生（名玠）的学堂里读书了。我的身体太小，他们抱我坐在一只高凳子上面。我坐上了就爬不下来，还要别人抱下来。但我在学堂并不算最低级的学生，因为我进学堂之前已认得近一千字了。

……

我们家乡的蒙馆学金太轻，每个学生每年只送两块银元。先生对于这一类学生，自然不肯耐心教书，每天只教他们念死书，背死书，从来不肯为他们“讲书”。小学生初念有韵的书，也还不十分叫苦。后来念《幼学琼林》“四书”一类的散文，他们自然毫不觉得有趣味，因为全不懂得书中说的是什么。因为这个缘故，许多学生常常赖学；先有嗣昭，后来有个士祥，都是有名的“赖学胚”。他们都属于这每年两元钱的阶级。因为逃学，先生生了气，打得更利害。越打得利害，他们越要逃学。

我一个人不属于这“两元”的阶级。我母亲渴望我读书，故学金特别优厚，第一年就送六块钱，以后每年增加，最后一年加到十二元。这样的学金，在家乡要算“打破纪录”的了。我母亲大概是受了我父亲的叮嘱，她嘱托四叔和禹臣先生为我“讲书”：每读一字，须讲一字的意思；每读一句，须讲一句的意思。我先已认得了近千个“方字”，每个字都经过父母的讲解，故进学堂之后，不觉得很苦。念的几本书虽然有许多是乡里先生讲不明白的，但每天总遇着几句可懂的话。我最喜欢朱子《小学》里的记述古人行为的部分，因为那些部分最容易懂得，所以比较最有趣味。同学之中有念《幼学琼林》的，我常常帮他们的忙，教他们不认得的生字，因此常常借这些书看；他们念大字，我却最爱看《幼学琼林》的小注，因为注文中有许多神话和故事，比《四书》《五经》有趣味多了。

有一天，一件小事使我忽然明白我母亲增加学金的大恩惠。一个同学的母亲来请禹臣先生代写家信给她的丈夫；信写成了，先生交她的儿子晚上带回家去。一会儿，先生出门去了，这位同学把家信抽出来偷看。他忽然过来问我道："糜，这信上第一句'父亲大人膝下'是什么意思？"他比我只小一岁，也念过《四书》，却不懂"父亲大人膝下"是什么！这时候，我才明白我是一个受特别待遇的人，因为别人每年出两块线，我去年却送十块线。我一生最得力的是讲书：父亲母亲为我讲方字，两位先生为我讲书。念古文而不讲解，等于念"揭谛揭谛，波罗揭谛"，全无用处。

五

我小时身体弱，不能跟着野蛮的孩子们一块儿玩。我母亲也不准我和他们乱跑乱跳。小时不曾养成活泼游戏的习惯，无论在什么地方，我总是文绉绉地。所以家乡老辈都说我"像个先生样子"，遂叫我做"糜先生"。这个绰号叫出去之后，人都知道三先生的小儿子叫做糜先生了。既有"先生"之名，我不能不装出点"先生"样子，更不能跟着顽童们"野"了。有一天，我在我家八字门口和一班孩子"掷铜钱"，一位老辈走过，见了我，笑道："糜先生也掷铜钱吗？"我听了羞愧的面红耳热，觉得大失了"先生"的身份！

大人们鼓励我装先生样子，我也没有嬉戏的能力和习惯，又因为我确是喜欢看书，所以我一生可算是不曾享过儿童游戏的生活。每年秋天，我的庶祖母同我到田里去"监割"（顶好的田，水旱无扰，收成最好，佃户每约田主来监割，打下谷子，两家平分），我总是坐在小树下看小说。十一二岁时，我稍活泼一点，居然和一群同学组织了一个戏剧班，做了一些木刀竹枪，借得了几副假胡须，就在村田里做戏。我做的往往是诸葛亮、刘备一类的文角儿；只有一次我做史文恭，被花荣一箭从椅子上射倒下去，这算是我最活泼的玩艺儿了。

我在这九年（1895—1904）之中，只学得了读书写字两件事。在文字和思想（看下章）的方面，不能不算是打了一点底子。但别的方面都没有发展的机会。有一次我们村里“当朋”（八都凡五村，称为“五朋”，每年一村轮着做太子会，名为“当朋”）。筹备太子会，有人提议要派我加入前村的昆腔队里学习吹笙或吹笛。族里长辈反对，说我年纪太小，不能跟着太子会走遍五朋。于是我失掉了这学习音乐的唯一机会。三十年来，我不曾拿过乐器，也全不懂音乐；究竟我有没有一点学音乐的天资，我至今还不知道。至于学图画，更是不可能的事。我常常用竹纸蒙在小说书的石印绘像上，摹画书上的英雄美人。有一天，被先生看见了，挨了一顿大骂，抽屉里的图画都被搜出撕毁了。于是我又失掉了学做画家的机会。

但这九年的生活，除了读书看书之外，究竟给了我一点做人的训练。在这一点上，我的恩师就是我的慈母。

每天天刚亮时，我母亲就把我喊醒，叫我披衣坐起。我从不知道她醒来坐了多久了。她看我清醒了，才对我说昨天我做错了什么事，说错了什么话，要我认错，要我用功读书。有时候她对我说父亲的种种好处，她说：“你总要踏上你老子的脚步。我一生只晓得这一个完全的人，你要学他，不要跌他的股。”（跌股便是丢脸，出丑）她说到伤心处，往往掉下泪来。到天大明时，她才把我的衣服穿好，催我去上早学。学堂门上的锁匙放在先生家里；我先到学堂门口一望，便跑到先生家里去敲门。先生家里有人把锁匙从门缝里递出来，我拿了跑回去，开了门，坐下念生书。十天之中，总有八九天我是第一个去开学堂门的。等到先生来了，我背了生书，才回家吃早饭。

我母亲管束我最严，她是慈母兼任严父。但她从来不在别人面前骂我一句，打我一下。我做错了事，她只对我一望，我看见了她的严厉眼光，就吓住了。犯的事小，她等到第二天早晨我睡醒时才教训我。犯的事大，她等到晚上人静时，关了房门，先责备我，然后行罚，或罚跪，或拧我的肉。无论怎样重罚，总不许我哭出声音来。她教训儿子不是借此出气叫别人听的。

有一个初秋的傍晚，我吃了晚饭，在门口玩，身上只穿着一件单背心。这时候我母亲的妹子玉英姨母在我家住，她怕我冷了，拿了一件小衫出来叫我穿上。我不肯穿，她说：“穿上吧，凉了。”我随口回答：“娘（凉）什么！

老子都不老子啊。”我刚说了这句话，一抬头，看见母亲从家里走出，我赶快把小衫穿上。但她已听见这句轻薄的话了。晚上人静后，她罚我跪下，重重地责罚了一顿。她说：“你没了老子，是多么得意的事！好用来说嘴！”她气得坐着发抖，也不许我上床去睡。我跪着哭，用手擦眼泪，不知擦进了什么微菌，后来足足害了一年多的眼翳病。医来医去，总医不好。我母亲心里又悔又急，听说眼翳可以用舌头舔去，有一夜她把我叫醒，她真用舌头舔我的病眼。这是我的严师，我的慈母。

我母亲 23 岁做了寡妇，又是当家的后母。这种生活的痛苦，我的笨笔写不出一万分之一二。家中财政本不宽裕，全靠二哥在上海经营调度。大哥从小就是败子，吸鸦片烟，赌博，钱到手就光，光了就回家打主意，见了香炉就拿出去卖，捞着锡茶壶就拿出去押。我母亲几次邀了本家长辈来，给他定下每月用费的数目。但他总不够用，到处都欠下烟债赌债。每年除夕我家中总有一大群讨债的，每人一盏灯笼，坐在大厅上不肯去。大哥早已避出去了。大厅的两排椅子上满满的都是灯笼和债主。我母亲走进走出，料理年夜饭，谢灶神，压岁钱等事，只当做不曾看见这一群人。到了近半夜，快要“封门”了，我母亲才走后门出去，央一位邻舍本家到我家来，每一家债户开发一点钱。做好做歹的，这一群讨债的才一个一个提着灯笼走出去。一会儿，大哥敲门回来了。我母亲从不骂他一句。并且因为是新年，她脸上从不露出一点怒色。这样的过年，我过了六七次。

大嫂是个最无能而又最不懂事的人，二嫂是个很能干而气量很窄小的人。她们常常闹意见，只因为我母亲的和气榜样，她们还不曾有公然相骂相打的事。她们闹气时，只是不说话，不答话，把脸放下来，叫人难看；二嫂生气时，脸色变青，更是怕人。她们对我母亲闹气时，也是如此。我起初全不懂得这一套，后来也渐渐懂得看人的脸色了。我渐渐明白，世间最可厌恶的事莫如一张生气的脸；世间最下流的事莫如把生气的脸摆给旁人看。这比打骂还难受。

我母亲的气量大，性子好，又因为做了后母后婆，她更事事留心，事事格外容忍。大哥的女儿比我只小一岁，她的饮食衣料总是和我的一样。我和她有小争执，总是我吃亏，母亲总是责备我，要我事事让她。后来大嫂、二嫂都生了儿子了，她们生气时便打骂孩子来出气，一面打，一面用尖刻有刺的话骂给别人听。我母亲只装做不听见。有时候，她实在忍不住了，便悄悄走出门去，或到左邻立大嫂家去坐一会，或走后门到后邻度嫂家去闲谈。她从不和两个嫂子吵一句嘴。

每个嫂子一生气，往往十天半个月不歇，天天走进走出，板着脸，咬着嘴，打骂小孩子出气。我母亲只忍耐着，忍到实在不可再忍的一天，她也有她的法子。这一天的天明时，她就不起床，轻轻地哭一场。她不骂一个人，只哭她的丈夫，哭她自己苦命，留不住她丈夫来照管她。她先哭时，声音很低，渐渐哭出声来。我醒了起来劝她，她不肯住。这时候，我总听见前堂（二嫂住前堂东房）或后堂（大嫂住后堂西房）有一扇房门开了，一个嫂子走出房向厨房走去。不多一会，那位嫂子来敲我们的房门了。我开了房门，她走进来，捧着一碗热茶，送到我母亲床前，劝她止哭，请她喝口热茶。我母亲慢慢停住哭声，伸手接了茶碗。那位嫂子站着劝一会，才退出去。没有一句话提到什么人，也没有一个字提到这十天半个月来的气脸，然而各人心里明白，泡茶进来的嫂子总是那十天半个月来闹气的人。奇怪得很，这一哭之后，至少有一两个月的太平清静日子。

我母亲待人最仁慈，最温和，从来没有一句伤人感情的话。但她有时候也很有刚气，不受一点人格上的侮辱。我家五叔是个无正业的浪人，有一天在烟馆里发牢骚，说我母亲家中有事总请某人帮忙，大概总有什么好处给他。这句话传到了我母亲耳朵里，她气得大哭，请了几位本家来，把五叔喊来，她当面质问他她给了某人什么好处。直到五叔当众认错赔罪，她才罢休。

我在我母亲的教训之下住了九年，受了她的极大深刻的影响。我十四岁（其实只有十二岁零两三个月）就离开她了，在这广漠的人海里独自混了二十多年，没有一个人管束过我。如果我学得了一丝一毫的好脾气，如果我学得了一点点待人接物的和气，如果我能宽恕人，体谅人，——我都得感谢我的慈母。

十九，十一，廿一夜。

选自胡适著《胡适四十自述》，北京：人民日报出版社，2013.01。

顾颉刚（1893—1980）

名诵坤，字铭坚，号颉刚；小名双庆。江苏苏州人。中国现代著名历史学家、民俗学家，古史辨学派创始人，现代历史地理学和民俗学的开拓者、奠基人。代表作品有《古史辨》《当今中国史学》等。

我的祖母

◆ 顾颉刚

我的一生，发生关系最密切的是我的祖母。简直可以说，我之所以为我，是我的祖母手自塑铸的一具艺术品。

……

我的祖母身体甚胖，自和我祖父结婚，二十余年中不曾怀一次孕，这是怎样地使她失望。儿子既不可得，只得希望抱孙子了。因此我既出世，她的全副精神就都寄托在我的身上。她常说："儿子是嗣来的，嗣的时候他已长成了，我不能管。孙子是在我这里生出来的，我可以自小管起。这是俗谚所谓'假子真孙'。"因此，她常常抱我到仞之公的遗像前，叫我"拜拜阿爹"，我当时还听不懂大人的话，错认了，以为这个神像的名字是"拜拜阿爹"，常问道"拜拜阿爹的性情怎么样"，"拜拜阿爹的时候家里是怎样的"，到了年长的时候也就改不过来了。

我的母亲死得很早。我八岁时，她就犯了肺结核病，过了两年，于光绪二十七年（1901）离开人间。她留给我的影子太淡了，我只记得起她是一个身材高高而精神非常严峻的年轻奶奶。她管教我很严，我有什么不好，她打我，我一讨饶，她就打得越凶，说“这孩子没志气，没出息”。当我三岁的时候，有一夜梦中遗了尿，她就把我从床上扔了下来。我冻得大哭不止。那时我的祖母尚未睡着，听得隔壁地板一声响，接着就是我的大哭声，心中不忍，推开房门来看。我看见祖母来了，一把拉住她的头颈，再也不放。祖母道：“你今天和我一起睡，好不好？”我点了点头，她就抱了我回房。从此以后，我就和祖母一床睡，直到 18 岁我结婚的时候。

其实祖母管母亲和我一样的严厉，不过母亲为了自己身体不好，又为了“两姑之间难为妇”，心境老是不好，使我记不得她的笑颜。祖母则有时严厉，有时慈爱，而严厉的态度是从慈爱的本心上出发，所以使我产生了又畏又爱的复杂心理。当我五六岁时，有一个亲戚来了，家中买点心款待，我站在客人旁边看吃，客人为了对小孩表示好意，分一个给我，我当然很乐意接受。祖母当时不作声，待客人去后，关起房门把我一顿打，直打得我从此以后不敢再看人家吃东西。七八岁时，苏州刚有广东糖食店，我一次和女佣上街，看着他们的广东饼和广东橄榄非常羡慕。女佣就替我买了一点带回家来，满心以为可以大嚼一顿，哪知给祖母看见了，就把这些糖食向屋瓦上一掷，一点也吃不到。这一打击太重了，我禁不住号啕大哭，哭得邻家正在学刺绣的王素心小姐也来看，逼得我自己因惭愧而停止。大约在我 12 岁的时候吧，亲戚家有喜事，媒人是双方的太太们做的，照封建排场，妇女不得出面，她们就请我代做名义上的媒人，不知在哪里借来了一身小礼服，我穿了外套，戴了翎顶，坐上轿子，到男家去做大媒了。男宅看我以小孩子而做大媒，就拉了六七个吃喜酒的小客人来陪我吃饭。我们吃整桌的菜，一样地有丰富的酒果，小孩子们高兴，就学大人们一样地灌酒，灌得个个大醉了。我走到这家内室，一横到床上就呼呼睡着，哪料胸中做恶，把酒和菜都呕了出来，吐了人家一床。那家就派人背了我回家。祖母看我熏熏然进来，问了随从的人就知道了这件事，立刻把房门关起，不让我上床，我坐在堂屋里哭了一个通宵。从此以后，酒就不敢沾唇了。祖母常说："你父亲爱喝酒，已误了不少的正事，我再不能让你这样糊涂下去！"自从有了这几次的经验，使我对于饮食方面淡泊万分，每当走过稻香村、采芝斋，或各种水果铺、点心铺时，从来不想买点零食吃了。

吃饭不许狼藉米粒，落到桌子上的就要拣到碗里去，她常说："惜食有食吃，惜衣有衣穿。人间狼藉一粒米，天上看了就像一粒星。"淘汤，每碗饭只许淘三匙。不许多夹菜，说："是菜过饭，不是饭过菜。"每样菜，大人没有下箸的时候，小孩不许先下。

祖母管教我虽很严厉，但对于我的饮食起居，却无一处不仔细周密，体贴入微的。我小时候身体很弱，祖母总是严格地限定我的食量，把营养丰富的食品省给我吃，为我培养了一个十分强健的肠胃。我的肠胃到现在还可说是在朋友们中算是最好的，无论菜的好坏，我总可吃一个饱。可是我的祖母太爱我了，凡是有壳的，像瓜子；有子的，像西瓜，她都要去了壳和子才送到我口里。有骨的，像鱼，她要去了骨给我吃。难吃的，像蟹，她要出了肉给我吃。这却减低了我吃东西的技能。当时虽没有吃鲠，但到现在，瓜子就不会嗑了，蟹也不会剥了，鱼是怕鲠而很少吃了。

还有我的病痛，也使她受了许多的苦。在我两岁时出天花，三岁时呕血，八岁时患喉痧。这三场大病，都差一点儿死去，她悲痛焦急到极点，跑到灶门前点起香烛，求灶神保佑，不停地叩头，一直叩得额上肿起一个大块。我脆弱的生命，总算依靠着她的无限慈爱和庇护长育了起来。

她虽然用了全副精力来爱我，但在我学业上，却极其认真。她常说我的全部希望如今都放在阿双身上了。因此她盼望我上进的心非常的迫切，她要我跟上祖宗的脚步，由读书求科名。从我五六岁起听得大人的话明白以后，她常常对我说："阿双，你读书要好好用功啊！我们家里从来没有一个白衣的人，你总不要坍了祖宗的台才好啊！"她总是这样不厌烦地叮嘱我，鼓励我。

每天放学回来，晚上总要叫我温习。她又极注意我的品行，凡一举一动，都加以约束。每晚临睡时，她总要检讨我一天的行为。若果做了错事，便叫我写在纸条上贴到帐顶上，第二天早晨睁开眼睛，第一件事便是叫我把那张写上过失的条子诵读几遍，表示悔过。犯得重时，或犯了再犯时，还要另加体罚。就这样地她逼得我自己对于行为负起责任来。

小孩子总是贪玩的，我整天被关在私塾里，一年中除过新年放一个月的长假外，其他只有端午、八月半放两天学，所以我也很想借故逃学。从我家到私塾里大约有半里多路，有一天遇着下大雨，吃过早饭，我看着祖母说："今天雨太大了！"她毫不思索地指着天坚决地说："你想不去了吧！就是落铁，也得去！"这斩钉截铁的几个字，我一世也忘不掉。自从到了社会上服务，逢到大雨的时候，我妻在旁边劝道："不去了吧！"但我立刻说出祖母这句教训来："落铁，也得去！"祖母的面容十分慈祥，但却闪烁着一对锐利的眼睛，尤其是当你犯了过失时，仿佛看到你心里一般，使你不由得要惭愧而畏缩地低垂了头。

祖母又是很会讲故事的，在傍晚时分，还没有点灯，她常常坐到堂屋前那把藤圈椅子上去。我明白这时可以请求她了，就搬过小板凳去挨着她的膝头坐着。不等我开口，她便用手抚摩着我的头顶，笑眯眯地问："又想听讲故事了？好，就讲'目莲救母'吧。"这多半是在认真温书之后，用故事来做奖赏。苏州的文风虽盛，但妇女都不读书，也少有准许出门逛街，祖母也不识字，但她记性极好，又会谈话，她记着许多如"老虎外婆"之类的民间传说，和流传于妇女中间的迷信神话，用她那婉转而清脆的声音，讲述得娓娓动听。我想，祖母用这些动人的故事已经增加了我的向善心，打开了我的想象力，她高高地擎起了照亮我生命的第一盏明灯。我的祖母是我的恩师，又是我的慈母，当我长大了时，总是常常对人这样提起她的。

我的祖母非常能干而有决断，我们的本家和妯娌间每逢遇到难处的事情总要到她那边来请教，她能剖析事理，侃侃而谈。如果她是一个男子，我想，她一定能做出一番事业，并会判清许多冤狱，像包龙图一样。我从小喜欢读书，怕管人事，这一点大为祖母所不满。她常斥责我道："一个人应当眼观四处，耳听八方，像你这样的呆头呆脑，将来怎么可以做事！"又说："忠厚是无用的别名，你一味忠厚，必归无用。"这句话到今天看来，也可说有些冤枉，因为我常觉得自己有极强烈的正义感，只是为许多长辈所逼，不敢向他们当面说话而已。

祖母是这样地爱我，但她不像别的太太们，只要把心爱的人放在身旁边就感满足。她要我到外边去见世面，所以并不反对我出门。当辛亥革命时，我加入了中国社会党，希望一步跨上天，在民族革命与政治革命之后，把社会革命这个最高的阶段就完成在我们的手里。民国元年，中学毕业，我的同志陈翼龙君正在北京办社会党支部，他招我去，我怎肯不去，但此事若和家庭直说便行不通，只说北京有一家报馆要我去任编辑，月薪三十元。我的父亲知道了，来书不许，但我的祖母却满口答应，那时我的父亲正在南京工作，我就由她的手里放出来了。后来我考进了北京大学预科，离本科毕业还远得很，但她很放心地让我前去。一般亲戚都责备她道："你们只有这一个孩子，为什么放他走得这样远？如说要进大学，那么苏州有东吴大学、上海有圣约翰大学，哪一个不可进呢？但她很坚定地答道："男孩子是该让他出出远门的。"

她一切节省，只有对我买书却极慷慨。因此，我在 11 岁以后就天天出入书肆，一本一本地买了回来。积少成多，一年就可有五六百册。有时要买一部大书，须十余元或廿余元的，向她恳求，她每月只有从我父亲那里收到三十元钱，一切苏州开销包括在内，却肯付给我一笔书款。所以我从小怀着做一个藏书家的野心。当我十六七岁的时候，就买了几部丛书（《惜阴轩》《思进斋》《滂熹斋》《功顺堂》……），这些书钱哪有一个不是我的祖母从千省万省中省出来的。……

我现在被人称为"历史家"，我自己也确有搜集材料研究"史料学"的癖好。但我的父亲和叔父是最不爱保存旧材料的，每隔一年半年就把各处来信和其他认为用不着的日历及各种宣传品一把火烧光。我在旁边看着，嘴里不敢谏止，心中总觉得太可惜了。父子之间的性格为什么有这样不同呢？我很明白，这不光是先天的差异，乃是我受祖母的教育太深了。她从来不肯轻弃一张纸、一个小瓶、一些过时了的东西，所以她的房间里尽是些旧材料。她固然每隔几个月也要整理一次，但这不过理得齐整些而已，东西的数量是只会增加而不会减少的。她的目的只为的“惜物”，觉得世上原没有一件废物，只要善于用它。但我承受了她的思想教育而应用于学问工作上便成为“搜集材料”的科学要求了。

苏州人家最重衣着，所以有“身上绸披披，家里没有米”的谚语。我的同辈，从小就是夏穿纱，冬穿皮，而且灰鼠、银鼠、胎羊、紫羔种类纷纷。我呢，小寒的时候只有穿夹衣，到了大寒才得穿棉衣，直到结婚的那年才穿上了一件羊皮袍。这就养成了我的衣着随便，下身不怕冻的习惯。

祖母固然给我许多好习惯，但也把我养成了些坏习惯。她只要我读书，不要我做一点家务劳动。例如洗衣、买菜、扫地、擦桌椅等等，我如要插手，必然被喝住道：“这些事不是你做的！”我看见家里妇女都在缝制衣服时，我也想学一学，动一动针线，可是便被她们喝住道：“男做女工，烂脱胴肛。”我到厨房里去看打稻结、出稻灰、做羹汤、加调味时，那位本喜吃鱼而偏摆架子不愿下厨房的孟轲说的“君子远庖厨”这句名言又在我的耳边响起来了。我受到了这样严格的管制，当然一切劳动我就一点儿不会做了。后来，到了北方，喜欢雇骡马，行长途，天天要打开铺盖，又要捆起铺盖时，我就不会紧紧地打成一团了，因此每被同行的朋友们所笑，我自己也有时笑了起来。

选自顾颉刚著《顾颉刚自传》，北京：北京大学出版社，2012.01。

梁漱溟（*1893—1988*）

原籍广西桂林，生于北京。著名思想家、哲学家、教育家、社会活动家、国学大师、爱国民主人士，现代新儒家的早期代表人物之一，有“中国最后一位儒家”之称。代表作《中国文化要义》《东西文化及其哲学》《中国人》《读书与做人》与《人心与人生》等。

我的父亲

◆ 梁漱溟

遂成我之自学的，完全是我父亲。所以必要叙明我父亲之为人，和他对我的教育。

吾父是一秉性笃实的人，而不是一天资高明的人。他做学问没有过人的才思；他做事情更不以才略见长。他与母亲一样天生的忠厚；只他用心周匝细密，又磨炼于寒苦生活之中，好像比别人能干许多。他心里相当精明，但很少见之于行事。他最不可及处，是意趣超俗，不肯随俗流转，而有一腔热肠，一身侠骨。

因其非天资高明的人，所以思想不超脱。因其秉性笃实而用心精细，所以遇事认真。因为有豪侠气，所以行为只是端正，而并不拘谨。他最看重事功，而不免忽视学问。前人所说“不耻恶衣恶食，而耻匹夫匹妇不被其泽”的话，正好点出我父一付心肝。——我最初的思想和作人，受父亲影响，亦就是这么一路（尚侠、认真、不超脱）。

父亲对我完全是宽放的。小时候，只记得大哥挨过打，这亦是很少的事。我则在整个记忆中，一次亦没有过。但我似乎并不是不“该打”的孩子。我是既呆笨，又执拗的。他亦很少正言厉色地教训过我们。我受父亲影响，并不是受了许多教训，而毋宁说是受一些暗示。我在父亲面前，完全不感到一种精神上的压迫。他从未以端凝严肃的神气对儿童或少年人。我很早入学堂，所以亦没有从父亲受读。

十岁前后（七八岁至十二三岁）所受父亲的教育，大多是下列三项。一是讲戏，父亲平日喜看京戏，即以戏中故事情节讲给儿女听。一是携同出街，购买日用品，或办一些零碎事；其意盖在练习经理事物，懂得社会人情。一是关于卫生或其他的许多嘱咐；总要儿童知道如何照料自己身体。例如：

> 正当出汗之时，不要脱衣服；待汗稍止，气稍定再脱去。
>
> 不要坐在当风地方，如窗口门口过道等处。
>
> 太热或太冷的汤水不要喝，太燥太腻的食物不可多吃。
>
> 光线不足，不要看书。

诸如此类之嘱告或指点，极其多；并且随时随地不放松。

还记得九岁时，有一次我自己积蓄的一小串钱（那时所用铜钱有小孔，例以麻线贯串之），忽然不见。各处寻问，并向人吵闹，终不可得。隔一天，父亲于庭前桃树枝上发见之，心知是我自家遗忘，并不责斥，亦不喊我来看。他却在纸条上写了一段文字，大略说：

> 一小儿在桃树下玩耍，偶将一小串钱挂于树枝而忘之。到处向人寻问，吵闹不休。次日，其父亲打扫庭院，见钱悬树上，乃指示之。小儿

始自知其糊涂云云。

写后交与我看，亦不作声。我看了，马上省悟跑去一探即得，不禁自怀惭意。——即此事亦见先父所给我教育之一斑。

到十四岁以后，我胸中渐渐自有思想见解，或发于言论，或见之行事。先父认为好的，便明示或暗示鼓励。他不同意的，让我晓得他不同意而止，却从不干涉。十七、八、九、岁时，有些关系颇大之事，他仍然不加干涉，而听我去。就在他不干涉之中，成就了我的自学。那些事例，待后面即可叙述到。

选自中国文化书院学术委员会编《梁漱溟全集 第二卷》，济南：山东人民出版社，2005.05。

钱穆（*1895—1990*）

字宾四，江苏省无锡人。现代历史学家。1949 年迁居香港，创办了新亚书院，1967 年移居台北，任中国文化学院历史所教授、“中央研究院”院士、台北故宫博物院特聘研究员。著作辑为《钱宾四先生全集》，计 56 种 54 册，约 1500 万字。

先父对余之幼年教诲

◆钱　穆

先父爱子女甚挚。尝语人：“我得一子，如人增田二百亩。”余之生，哭三日夜不休。先父抱之绕室，噢咻连声。语先母曰：“此儿当是命贵，误生吾家耳。”自余有知，先父自鸿声里夜归，必携食物一品，如蛋糕酥糖之类，置床前案上，覆以帽或碗。余晨起揭视，必得食。及余七岁入塾，晨起遂不见食品。先母告余曰：“汝已入塾，为小学生，当渐知学大人样，与兄姊为伍，晨起点心，可勿望矣。”余下一弟，先父最所钟爱，不幸早夭。先父抱之呼曰：“必重来我家。”次弟生，眉上有一大黑痣。先父喜曰：“我儿果重来矣。”

先父为先兄与放大风筝某伯父家一堂兄，聘一塾师，华姓，自七房桥东五里许荡口镇来，寓某伯父家。携一子，三人同塾。翌年秋，先父挈余往，先瞻拜至圣先师像，遂四人同塾。师患心痛疾，午睡起，必捧胸蹙额，绕室急步。余童骙无知。一日，二兄逗余，笑声纵。翌日上学，日读生字二十，忽增为三十。余幸能强记不忘，又增为四十。如是递增，日读生字至七八十，皆强勉记之。因离室小便，归座，塾师唤至其座前，曰："汝何离座？"重击手心十掌。自是不敢离室小便，溺裤中尽湿。归为先母知，问余，不敢答。问先兄，以实告。先母默然。一日傍晚，先父来塾，立余后，适余诵《大学章句序》至"及孟子没"，时师尚未为余开讲。先父指没字问余，曰："知此字义否？"余答，"如人落水，没头颠倒。"先父问："汝何知此没字乃落水？"余答："因字旁称三点水猜测之。"先父抚余头，语塾师曰："此儿或可前生曾读书来。"塾师因赞余聪慧。先父归，以告先母，先母遂告先父余溺裤中事。年终，先父因谢师歇塾。为余兄弟学业，移家至荡口，访得一名师，亦华姓，住大场上克复堂东偏，余家因赁居克复堂西偏，俾便往返。时余年八岁，师为余讲《史概节要》及《地球韵言》两书。余对《地球韵言》所讲如瑞典挪威日夜长短等事更感兴趣。讲两书毕，不幸师忽病，不能坐塾，诸生集庭中凿池养鱼，学业全废。余家遂又迁居。在大场上之北另一街，一大楼，已旧，北向，余一家居之。余兄弟遂不上塾。余竟日阅读小说，常藏身院中一大石堆后，背墙而坐。天色暗，又每爬上屋顶读之。余目近视，自此始。

先父母对子女，从无疾言厉色。子女偶有过失，转益温婉，冀自悔悟。先伯父家从兄来住吾家，一日傍晚，邀余同往七房桥。谓："汝当告婶母。"余往告先母。先母以余戏言，未理会。待晚饭，两人不至，乃知果往。先父偕侍从杨四宝，掌灯夜至七房桥。余已睡，披衣急起，随先父归。途中，先父绝不提此事。至镇上，先父挈余进一家汤团铺吃汤团，始回家，先母先姊先兄，一灯相候。先母先姊谓余："汝反吃得一碗汤团。"促速先睡。

先父每晚必到街口一鸦片馆，镇中有事，多在鸦片馆解决。一夕，杨四宝挈余同去，先父亦不禁。馆中鸦片铺三面环设，约可十许铺。一客忽言："闻汝能背诵《三国演义》，信否？"余点首。又一客言："今夕可一试否？"余又点首。又一客言："当由我命题。"因令背诵诸葛亮舌战群儒。是夕，余以背诵兼表演。为诸葛亮，立一处；为张昭诸人，另立他处。背诵既毕，诸客竞向先父赞余，先父唯唯不答一辞。翌日之夕，杨四宝又挈余去，先父亦不禁。路过一桥，先父问："识桥字否？"余点头曰："识。"问："桥字何旁？"答曰"木字旁。"问："以木字易马字为旁，识否？"余答曰："识，乃骄字。"先父又问："骄字何义，知否？"余又点首曰："知。"先父因挽余臂，轻声问曰："汝昨夜有近此骄字否？"余闻言如闻震雷，俯首默不语。至馆中，诸客见余，言今夜当易新题。一客言："今夕由我命题，试背诵诸葛亮骂死王朗。"诸客见余态忸怩不安，大异前夕，遂不相强。此后杨四宝遂亦不再邀余去鸦片馆，盖先父已预戒之矣。时余年方九岁。

先父每晚去鸦片馆，先母先姊皆先睡，由先兄候门。余见先兄一人独守，恒相伴不睡。先父必嘱先兄今夜读何书，归当考问。听楼下叩门声，先兄即促余速上床，一人下楼开门。某一时期，先父令先兄读《国朝先正事略》诸书，讲湘军平洪杨事。某夜，值曾国荃军队攻破金陵，李成典、萧孚泗等先入城有功。先父因言："此处语中有隐讳。"既为先兄讲述，因曰："读书当知言外意。写一字，或有三字未写。写一句，或有三句未写。遇此等处，当运用自己聪明，始解读书。"余枕上窃听，喜而不寐。此后乃以枕上窃听为常。先兄常逾十一时始得上床。先父犹披灯夜读，必过十二时始睡。

先父或自知体弱多病，教督先兄极严。先兄犹及赴晚清最末一期之科举，然不第。时镇上新有果育小学校，为清末乡间新教育开始。先父命先兄及余往读。先兄入高等一年级，余入初等一年级。先父对余课程，似较放任，不加督促。某夕，有两客来闲谈，余卧隔室，闻先父告两客："此儿亦能粗通文字。"举余在学校中作文，及在家私效先兄作散篇论文，专据《三国演义》写《关羽论》《张飞论》等数十篇，私藏不予先兄知之，乃先父此夜亦提及，余惊愧不已。此后遇先父教导先兄时，亦许余旁听。谓若有知，不妨羼言。

先父体益衰，不再夜出赴鸦片馆，独一人在家据榻吸食。先母先姊灯下纺纱缝衣，先兄伴读一旁。先父每召余至鸦片榻前闲话，历一时两时不休。先母先姊先兄私笑余："汝在兄弟中貌最丑，陪侍父亲，却能多话。聒聒竟何语。”余恧然不能对。及后思之，亦不记当时先父对余何言。要之，先父似从不作正面教诲语，多作侧面启发语。何意愚昧，竟不能仰副先父当时之苦心灌输培植于万一！滋足愧也。

选自钱穆著《八十忆双亲·师友杂忆》，长沙：岳麓书社，1980.07。

冯友兰（1895—1990）

字芝生，河南唐河人。著名哲学家、教育家。曾任清华大学教授、哲学系主任、文学院院长，西南联合大学教授、文学院院长。代表作《中国哲学史》《中国哲学简史》《中国哲学史新编》等已成为20世纪中国学术的重要经典。

清末帝制时期

◆ 冯友兰

当时（1904年左右——编者注）最大的问题是我们这几个孩子上学的问题。经常听见父亲和母亲讨论这件事情。如果我要再大几岁，父亲就要我上方言学堂了。父亲很重视学外文。方言学堂的学生也受到很优厚的待遇，除了管吃管住外，每月还发几两银子，作为零用。据说将来出路也很好，一定可以在外交界大小混个事。可是我岁数不到，没有办法。附近也有小学，当时父亲和母亲商量，还是以不上小学为好。因为父亲相信，在学新知识以前，必须先把中文学好。他认为，没有一个相当好的中文底子，学什么都不行。再者我们都是外省人，小孩到小学里人地生疏，言语不通，他们很不放心。因此他们决定一个办法，叫母亲在家监督我们读书。母亲小时候上过几年学，认识一些字，有些字只能读其音，不能解其义。不过那时候教小孩们读经书，无论哪个先生也都是着重读和背，只要读熟了能背就行，本来就是不注重讲解的。所以他们认为只要母亲监督着我们读，读熟了向她背，能背就行。遇见母亲不认得、念不出的字，就记下来，等父亲晚上回来再教。用这样的办法对付，我读完了《书经》《易经》，还开始读《左传》。

照他们的计划，父亲还要经常出题，叫我们作文章。实际上只作过一篇文章，题目是《游洪山记》。住的地方黄土坡，离洪山不很远。我们家的厨师，经常带我们到洪山去玩。有一次在洪山碰见一个洋人，带着一条洋狗，那条洋狗见着生人就乱咬，我的腿也被它咬了一口，并没有大伤。我们的厨师带我去找那个洋人，那个洋人拿出了几毛钱，我们不要，我们说，我们并不是为这几毛钱，只是要警告你，你的狗不能乱咬人。回家以后，我把这些情况说了，父亲大加赞赏，说这种态度很好。

我和景兰（冯友兰弟弟——编者注）各写了一篇《游洪山记》，无非是描写了一些风景之类。父亲一看说都不行，不值一看，他说写这类文章，要有寄托，要能即景生情，即物见志。他也写了一篇，作为示范。原来太平军围攻武昌的时候，湘军将领罗泽南率领一支湘军来解围，他冲破了重围，已经冲到城墙根前，喊叫城内清兵开城门出来接应。可是城内清兵拒不开城门，既不敢出来接应，也不敢让他们进去。太平军又合围了，就在洪山下边打了一仗，湘军败了，罗泽南也阵亡了。父亲作的游记，就借着这件事情发挥，说人应该有大志，做大事，不能仅只游山玩景，白费了有用的岁月，如果如此，那就要为山灵所笑。

我们虽然主要是在家里念书，但是也不是与当时武昌教育界完全隔绝。因为父亲也在当时教育界之内。遇见一般学校都要做的事，他也要我们做。当时武昌的学校，无论大小都要穿制服。制服上身是一件浅蓝色短褂，镶上云字头的青色宽边，很有点像当时军队穿的号衣。下身长裤，也是浅蓝色。父亲也叫母亲给我们兄弟俩都做了一套。还教我们唱《学堂歌》。《学堂歌》是张之洞做的，当时大、中、小学堂都唱。歌词开头说：

天地泰，日月光，听我唱歌赞学堂。

圣天子，图自强，除命兴学别无方。

下边分说当时所谓各种新学的要点和意义，有些现在看着是很平凡甚至是错误的。有一段讲地理，说：

中国圆，日本长，同在东亚地球上。

讲历史的有这两句：

论乡贤，屈原尚，忠言力谏楚怀王。

后来我上大学以后，读到《荀子·成相篇》，才知道他这歌用的是《成相》的调子。他大概以为《成相》是楚国的调子。我们这些小孩也学唱这个歌，其实也无所谓唱，因为本来没有谱子，只要大声念，再把腔拉长一点，就算是唱了。

父亲和母亲订的这个教育方案，对付了几个月，又出问题了。父亲得了一个兼差，被派跟着粤汉铁路的勘测队去勘测粤汉铁路的路线，名义是“弹压委员”，实际的职务大概是替勘测队办一些同地方上交涉的事。这个队一直勘测到湖北跟湖南交界的地方，就回武昌了。……

我想父亲是很有收获的，但是对于我们这几个小孩的读书却有一定的影响。因为他几个月不在家，我们读书遇见不认识的字，念不出来的字，也没有地方去问了。我那时候正在读《易经》，卦辞、驳辞确实也不容易记。等到父亲回来查问，母亲说已经“包本”了，但是背得不很熟，究竟算不算“包本”呢？他们想了一个抽查的办法，叫我自己抽出我认为是比较熟的一部分，在父亲面前再背一遍。幸而《易经·系辞》那一部分我在读的时候虽然不懂，但觉得很有意思，而且其中有些韵文，比较容易记，我就自报重背《系辞》，果然当着父亲一背，就通过了。不过经过这一次周折，他们原来订的那一种教育办法，看起来是行不通了。他们就另想办法。在别的办法想出来以前，别的事情又发生了。

选自冯友兰著《冯友兰文集 第一卷》，长春：长春出版社，2008.01。

李济（1896—1979）

湖北钟祥郢中人。著名人类学家、考古学家，被誉为“中国考古学之父”。代表作品《西阴村史前的遗存》《李济考古学论文集》等。

我的初学时代

——留学前所受的教育

◆李　济

在我个人的回忆中，我的童年教育，完全是按照先父的一种构想进行的。我的父亲原是一个苦读成名的孤儿；祖父逝世时，他年方一岁半，另有一位半岁的叔父伴着他。祖母靠着家中的几亩薄田，把他们兄弟两位抚育成人。父亲小时候读书的成绩很好，因此得到若干近亲的帮助，上进得很快；在年纪很轻的时候，就开始教家馆，藉以贴补家用。等到入学后，又很快地，他就成为本县教“大馆”的先生了，替成年的童生看文章。……

我的发蒙读书，并不是由父亲自己教的：因为那时他已是我们的县城内教大学生的最忙的老师了。但是我把《四书》读完后，却没按着传统的次序读《诗经》；跟着念下去的为《周礼》。这件事，我记得最清楚；这完全是父亲一个人的主张。亲友们都感觉到这一变动的奇怪。但因为他是一县闻名的大秀才，拥有最大的学馆，也就没人责难他这一违背习惯的教育方法。后来的事情演变得很快；更激烈的改革，一件一件的紧跟着发生。关于读完《四书》就读《周礼》——这一不寻常的课程安排，在我童年的发育中，就与其他的学制改革混在一块儿囫囵地吞下去了。我在十岁以前，已经意识到：我不是科举时代的秀才候补人了，也没有萌芽过任何争取这一资格的志愿。

……

父亲对于教育青年子弟，有两则基本信条：（1）他是孟子的信徒，笃信性善说。他同意孟子的“人皆可以为尧舜”、“人皆可以为圣人”的说法，所以他教育青年子弟，注重启发。在我的印象中，有父亲很多不同的面孔，但却没有威风凛凛的一面；就是那道貌岸然的气象，也很稀少。我所经常看见的，总是那刚正而温和的表现，可亲而不可犯的样子，所以他所希望达到的启发作用，不但他自己可以尽量地发挥，确实也收到了不少的效果。（2）他对于教育子弟的第二信条，可以说是自第一条引申出来的，即：使每一个儿童发展他的善性；也就是充分地培植儿童固有的品质（反过来说：就是不要摧残儿童的天性）。他讲到：“天命之谓性，率性之谓道，修道之谓教。”常在不同的场合用不同的教材，把上说的两项意思反复地、巧譬善喻地解说得淋漓尽致。

父亲对于教育上的进步思想，影响所及，范围是相当的宽广；受惠最深的自然是我。这一深厚的影响，概括地说来，是为我不断地开辟了新境界。若是具体的详述，又可以分成若干小方面，例如：（1）远在科举时代他就教我朗诵诗歌，教我听高尚的七弦琴音乐。（2）县立小学成立的初期，即将我送入，使我有机会学“格致”、“体操”、“东文”这些新玩意儿。（3）在宣统末年即毅然地让我考清华。现在讲这些事，似乎只是每一个作父亲为儿女必须尽的责任，但在光宣之交中国的政治与社会，这些教育子弟的方法都需要具有进步思想的父兄，方肯如此地作。与我童年所交的朋友相比，我只记得我并不算什么特别聪明的小孩子；但是我的这些幼年朋友们，大半都像洪涛中的沙砾一样，沉淀到海底去了。我却幸运地被包工的运送到建筑场所，构成了三合混凝土的一分子，附属在一个大建筑的小角落上。这不能不谢谢一群先进的教育家——像蓝图设计人、工程师和包工的这一群人们一样，把我当作一种有用的材料使用了。

父亲是选择我这块材料，并用力加工的第一个包工者。在初期到北京的时候，他常按一规定时间，在家中给我和几个亲戚的子弟补习《孟子》。他对于性善说，总是不惜一而再、再而三地详细的解说。这时，我们全家初到北京，我已经是十一岁了；温习《孟子》的时候，我已经能聚起精神听讲；大为“人皆可以为尧舜”的讲解所感染，自己也有想做圣人的宏愿。父亲注意启发，常常也奖励小学生发问。……

我听《孟子》讲解时，虽有时提出了若干问题问难，听完时也不敢说能完全了解每字每句的意思，但大体说来：对于父亲的说法，经过了两年的训练，差不多是全部接受的了。

……

我在这时期（指清华大学时期——编者注）没展开我的政治意识，尚有另外的缘故。父亲虽是信奉学而优则仕的格言，在光绪末年凭考试得到“七品小京官”的官衔；他却最怕做县知事。他常告诫我们说：知县官职位虽低，权力极大，且不分明；有操守的人做，往往尽不了责任；能干的人做，大半免不了贪污；所以知县实是最不可以做的官，这种衙门总是诱人藏垢纳污的场所，最容易做伤天害理的事。父亲有天赋的一种倔强的性格，他不愿他的子弟作患得患失的鄙夫。他认为大部分的县太爷都是这一类型的人物。这些理由——在我的青年时期听多了，就有了很深的印象；他的这些话，渐渐的养成了我对政治的一种偏见；所以有一个很长的时期，我总以为：政治这项职业是一门肮脏下流的事业；这一类的证据，不幸是实在太多了。

……

若是就观念说，我在清华的时代，却也另有所获。国文虽在清华的课程中占极不重要的地位，但教国文的先生中，常有饱学之士。我在清华高中时代，上国文课时，遇到了湖南籍的一位饶先生。他真是一位不求闻达的博学多能的老师。他教学生作笔记，记录读书心得；我选了王先谦的《荀子集解》；每周照他的指示，一篇一篇的读下去，并把心得作成了笔记，按期请饶先生批阅。这位老师，在讲堂上向不讲话，只写黑板；他批阅学生的课卷，却一字也不放松，看得非常仔细；并且每次都有详细的批语。有一次，他赏识了我的几则札记；批语中有，所见可与《困学纪闻》比拟的话，父亲看见了儿子的笔记如此为老师赞赏，颇为惊喜。自我进清华后，父亲总以为我已选了洋学堂，中文会逐渐忘记的。但荀子是孟子的对头，读多了，不免影响到性善说。他知道我看《荀子》，也就注意到这一进展；但他却没有意思为我对《荀子》作任何评介；他取了放任的态度。他的心中，如今回想起来，大概也只是让我作自己的抉择；尽量地发挥自己的理性；这是与他的教育法相符的。

选自李光谟、李宁编《李济学术随笔》，上海：上海人民出版社，2008.06。

朱光潜（*1897—1986*）

字孟实，安徽桐城人。著名美学家、文艺理论家、教育家、翻译家。主要著作有《悲剧心理学》《文艺心理学》《西方美学史》《谈美》等。

从我怎样学国文说起

◆ 朱光潜

我学国文，走过许多迂回的路，受过极旧的和极新的影响。如果用自然科学家解剖形态和穷究发展的方法将这过程作一番检讨，倒是一件很有趣的事情。

我在十五岁左右才进小学，以前所受的都是私塾教育。从六岁起读书，一直到进小学，我没有从过师，我的唯一的老师就是我的父亲。我的祖父做得很好的八股文，父亲处在八股文和经义策论交替的时代。他们读什么书，也就希望我读什么书。应付科举的一套家当委实可怜，除四书、五经、纲鉴、《唐宋八大家文选》《古唐诗选》之外就几乎全是闱墨制义。五经之中，我幼时全读的是《书经》《左传》。《诗经》我没有正式地读，家塾里有人常在读，我听了多遍，就能成诵大半。于今我记得最熟的经书，除《论语》外，就是听会的一套《诗经》。我因此想到韵文入人之深，同时读书用目有时不如用耳。私塾的读书程序是先背诵后讲解。在“开讲”时，我能了解的很少，可是熟读成诵，一句一句地在舌头上滚将下去，还拉一点腔调，在儿童时却是一件乐事。这早年读经的教育我也曾跟着旁人咒骂过，平心而论，其中也不完全无道理。我现在所记的书大半还是儿时背诵过的，当时虽不甚了了，现在回忆起来，不断地有新领悟，其中意味确是深长。

父亲有些受过学校教育的朋友，教我的方法多少受了新潮流的影响。我“动笔”时，他没有教我做破题起讲，只教我做日记。他先告诉我日间某事可记，并且指出怎样记法，记好了，他随看随改，随时讲给我听。有一次我还记得很清楚，宅旁发见一个古墓，掘出两个瓦瓶，父亲和伯父断定它们是汉朝的古物（他们的考古知识我无从保证），把它们洗干净，供在香炉前的条几上，两人磋商了一整天，做了一篇“古文”的记，用红纸楷书恭写，贴在瓶子上面。伯父提议让我也写一篇，父亲说：“他！他还早呢。”言下大有鄙夷之意。我当时对于文字起了一种神秘意识，仿佛此事非同小可，同时也渴望有一天能够得上记古瓶。

日记能记到一两百字时，父亲就开始叫我做策论经义，当时科举已废除，他还传给我这一套应付科举的把戏，无非是“率由旧章”，以为读书人原就应该弄这一套。现在的读者恐怕对这些名目已很茫然，似有略加解释的必要。所谓“经义”，是在经书中挑一两句做题目，就抱着那题目发挥成一篇文章，例如题目是“知耻近乎勇”，你就说明知耻何以近乎勇，“耻”与“勇”须得一番解释，“近乎”两个字更大有文章可做。所谓“策”，是在时事中挑一个问题，让你出一个主意，例如题目是“肃清匪患”，你就条陈几个办法，并且详述利弊，显出你有经邦济世的本领。所谓“论”，就是议论是非长短，或是评衡人物，刘邦和项羽究竟哪一个高明；或是判断史事，孙权究竟该不该笼络曹操。做这几类文章，你都要说理，所说的尽管是歪理，只要能自圆其说，歪也无妨。翻案文章往往见得独出心裁。这类文章有它们的传统的作法。开头要一个帽子，从广泛的大道理说起，逐渐引到本题，发挥一段意思，于是转到一个“或者曰”式的相反的议论，把它驳倒，然后作一个结束。这就是所谓“起承转合”。这类文章没有什么文学价值，人人都知道。但是当作一种写作训练看，它也不是完全无用。在它的窄狭范围内，如果路走得不错，它可以启发思想，它的形式尽管是呆板，它究竟有一个形式。我从十岁左右起到二十岁左右止，前后至少有十年的光阴都费在这种议论文上面。这训练造成我的思想的定型，注定我的写作的命运。我写说理文很容易，有理我都可以说得出，很难说的理我能用很浅的话说出来。这不能不归功于幼年的训练。但是就全盘计算，我自知得不偿失。在应该发展想象力的年龄，我的空洞的头脑被歪曲到抽象的思想工作方面去，结果我的想象力变成极平凡，我把握不住一个有血有肉有光有热的世界，在旁人脑里成为活跃的戏景画境的，在我脑里都化为干枯冷酷的理。我写不出一篇过得去的描写文，就吃亏在这一点。

我自幼就很欢喜读书。家中可读的书很少，而且父亲向来不准我乱翻他的书籍。每逢他不在家，我就偷尝他的禁果。我翻出储同人评选的《史记》《战国策》《国语》、西汉文之类，随便看了几篇，就觉得其中趣味无穷。本来我在读《左传》，可是当作正经功课读的《左传》文章虽好，却远不如自己偷着看的《史记》《战国策》那么引人入胜。像《项羽本纪》那种长文章，我很早就熟读成诵。王应麟的《困学纪闻》也有些地方使我很高兴。父亲没有教我读八股文，可是家里的书大半是八股文，单是祖父手抄的就有好几箱，到无书可读时，连这角落里我也钻了进去。坦白地说，我颇觉得八股文也有它的趣味。它的布置很匀称完整，首尾条理线索很分明，在窄狭范围与固定形式之中，翻来覆去，往往见出作者的匠心。我于今还记得一篇《止子路宿》，写得真惟妙惟肖，入情入理。八股文之外，我还看了一些七杂八拉的东西，试帖诗、《楹联丛话》《广治平略》《事类统论》《历代名臣言行录》《粤匪纪略》，以至于《验方新编》《麻衣相法》《太上感应篇》和牙牌起数用的词。家住在穷乡僻壤，买书甚难。距家二三十里地有一个牛王集，每年清明前后附近几县农人都到此买卖牛马。各种商人都来兜生意，省城书贾也来卖书籍文具。我有一个族兄每年都要到牛王集买一批书回来，他的回来对于我是一个盛典。我羡慕他有去牛王集的自由，尤其是有买书的自由。书买回来了，他很慷慨地借给我看。由于他的慷慨，我读到《饮冰室文集》。这部书对于我启示一个新天地，我开始向往“新学”，我开始为意大利的三杰传的情绪所感动。作者那一种酣畅淋漓的文章对于那时的青年人真有极大的魔力，此后有好多年我是梁任公先生的热烈的崇拜者。有一次报纸误传他在上海被难，我这个素昧平生的小子在一个偏僻的乡村里为他伤心痛哭了一场。也就从“饮冰室”的启示，我开始对于小说戏剧发生兴趣。父亲向不准我看小说，家里除一套《三国演义》以外，也别无所有。但是《水浒传》《红楼梦》《琵琶记》《西厢记》几种我终于在族兄处借来偷看过。因为读这些书，我开始注意金圣叹，“才子”、“情种”之类观念开始在我脑里盘旋。总之，我幼时头脑所装下的书好比一个灰封尘迹的荒货摊，大部分是破铜烂铁，中间也夹杂有几件较名贵的古董。由于这早年的习惯，我至今读书不能专心守一个范围，总爱东奔西窜，许多不同的东西令我同样感觉兴趣。

选自朱光潜著《艺文杂谈》，合肥：安徽人民出版社，1981.12。

罗尔纲（*1901—1997*）

广西贵港县（今贵港市）人。著名历史学家，太平天国史研究专家，训诂学家，晚清兵志学家。代表作《太平天国史丛考》《太平天国史纲》《李秀成自传原稿笺证》等。

母　教

◆ 罗尔纲

我出生在祖国南方边区广西贵县（现改为贵港市）的一个知识分子的家庭。一生下地，就过继给伯父做儿子。[①]伯父罗佩璜，家族都痛惜他英才早逝，还没有中举，就青年病逝了。他生前去桂林应试，买了许多文史书籍回来，我童年得来阅读，给后来学历史播下了种子。伯父留下的应试诗文和书院课艺，本生父和同族叔父们都拿来做范本，我看了先人手泽，也给我以鼓励。

伯母林氏，是我的母亲，从小教养我成人。她不认识字，是个能干的妇

① 我过继给伯父做儿子，就叫伯父做父亲，伯母做母亲。生我的父母，就叫本生父、本生母。本书照当时的称谓来叙述，谨注明于此。

人，行动迅捷，应事如流，一生没有一件到期未完成的工作，没有一件要做未做的事。她整天忙碌，却感到光阴有余，晚来摸黑静坐，悠然安暇。……

生在那个时代，出在当时望族的妇女，我母亲于二十三岁那年就守寡了。她只生姊姊一人。女儿要嫁出，算是别姓人，承宗接代要儿子。那时，我本生父还是个童子，她眼巴巴地企望小叔成人、结婚、生男孩，这日子好难挨啊！好容易望眼欲穿，过了十二年我才出世，就把我抱养过来。她常对人说，对我只少了十月怀孕，把我作为心头肉。我十分惊异，我母亲把我看作心头肉，可是对我一点娇生惯养都没有，毫不纵容，管教得十分严厉。那时的儿童最易学赌博，从“飘钱脚”[①]赢输几十文铜钱起，到推牌九，打扑克，发展到赢输几十文铜钱，那就是赌博了。到年长后，到赌馆去赌番滩，就成为赌徒。我母亲最管得严的就是这种行为。她见我在街上“飘钱脚”时，就不准我做。到长大一些，到附近邻居推牌九或打扑克时，就当场把我叫回来，痛加训饬。七岁时我还跟邻居同学去赌馆看热闹，去妓馆门前听唱曲。去过过两三次，就被母亲发现了，她把我拉到大厅前祖先神楼下，叫我跪下来，递了一条藤鞭给本生父，叫他大大抽打了我一顿。打过后，不准起来，要我想明白赌博是坏事，去赌馆、妓馆观望是败类，以后不再去，才准起来。我长到七岁还没有同别家孩子那样给母亲用掌打过一次脸，用手指头凿过一次头，这次竟狠打了一场，以后就不敢再去了。

母亲严管我的坏品行，却让我玩。她把木棒修好，给我去作打尺玩。李二哥送蟋蟀给我，她放下缝的衣裳，到街上去买小罐回来给我盛蟋蟀。她又买纸、买蔑请李二哥扎风筝给我放。东湖水域广阔有好几里。我三、四岁后，她每逢夏天，就把我浸在湖水里，到八岁后，我会游泳了，她就给我自己去游，就是遇到郁江大水倒灌入湖来，波涛大作的时候也不禁止。一九四四年秋，我单位已从昆明迁到四川南溪县李庄镇。我从桂入川，在川黔路上得了疟疾。到了四川，一个月要发作三四次。那时同济大学也迁李庄，有个附属

---

①“飘钱脚”是用铜钱看谁飘得最远，最远的取得打近的权，如果打中后就赢了那文钱。

医院，每发病都去求医。如是过了一年，病体愈弱。医生说要检查全身。检查结果，医生说心肺比一些健康人还好，叫我放心。他问我平时有什么锻炼。我说什么运动都没有做，只有从幼儿时到二十多岁离家来止就年年游泳。医生说这就是很好的锻炼了。医生的话，使我想起隔壁的一位和我同岁的同学，他也是寡妇抱养小叔的儿子来的。他母亲见我们有许多相同，向我母亲提议过几次要认“老同”[①]。他见我游泳也要游。他母亲绝对不准，连湖边也不准他出来玩，怕他掉下湖去。可是，他母亲却很纵容他，到读中学时，就犯了三大过被开除。后来到外县去做个小职员，犯了罪，死在监狱中。不但这位同学的母亲不准儿子去游泳。当时我读书那间小学就在东湖边，共有二十多位同学，也没有一个到东湖游泳。在东湖游泳的都是一些劳动人家的子弟。我真不知我母亲哪来这样的卓识，哪来这样的胆量，却准许她的心头肉去游泳，不怕淹死。

我母亲从我家族的遗传和观察我的性格使她怕我长大后会犯人命。族中从前几代起，直到我前一代，就有几个先人犯了打死好朋友、妻子、伙计的事件。我天性暴躁，就更使我母亲担心了。她经常把我族的先人这样那样一言不合就打死人，怎样充军到远远的黑龙江去受罪等等事例来告诫我。她把“错手难翻”这句话作为暮鼓晨钟来警惕我。我曾经因一时的愤怒打过同事，拍起桌子大骂领导，受到了惩罚。但是，我还庆幸不曾同我那些先人那样犯了人命。这都是由于母亲在幼年时起就事先预防作出的教育。

我母亲教我做人要“四海”[②]。什么叫做四海？就是《水浒传》上常引《论语》上那句“四海皆兄弟也”的四海，就是胸襟要广大，热情帮助他人的四海。她常说祖父要卖田过日子，可是祖母见人家没有棺材埋葬，就买棺材给人家，见人家挨饥，就送米给人家，人们都赞美我祖母好。她没有说到要我学祖母，但我听了她的话，却使我自己感到我要学祖母。后来我回贵县中学

①“老同”是广西贵县一带对“拜把”的称谓。

② 广西货县说对人慷慨的叫做“四海”，对人刻薄吝啬的叫做“不四海”。

教书时，见到亲族邻里有困难时，请她把得的工资送去，她非常高兴，认为她的儿子听了她的教了。

我父亲与姨丈同学，老师和社会都说我父亲是高才，姨丈心里不服。他们同上桂林应举。姨丈家是个大富户，找到门路，中了举人。他和我父亲同船回家，一路上讥讽笑辱。我父亲考不中已经够哀伤了，再加上他的侮辱，一气病倒，到家后就去世。这件事亲戚朋友都知道，都说他气死我父亲。我母亲却始终不告知我。到我年长后，才听亲族说，这个家伙，是个恶霸，只要能欺凌的人就去欺凌。后来作恶多瑞，被人控告，从家出走，死于异乡。我亲房叔父也被他欺凌，二三十年后，两家儿子还是互相仇根。可是，我由于母亲没有告知，所以心里没有芥蒂。我几十年来，犯而不校，置毁辱于度外，心怀坦荡，对人事、对工作、对身心都得到好处。如果当年母亲告知我，一定会在我幼小的心灵上播下了气量狭窄的种子，一定不会如同今天这样。这对我的修养的关系是很重大的。我真不知道我母亲从何懂得这种难能可贵的做人和教子的道理。

我母亲是个富家女。她家的房屋是当时县城上气派最大的门第。太平天国时代，在贵县起义的天地会就以她家作为革命政府所在地，以与城内的清朝衙门对峙。她嫁到我家便不同了。我家到祖父时已破落。母亲说过，本生父考得秀才，从浔州打电报回来报喜，家中连蒸糕包粽待贺客的钱都没有。我三岁后，母亲与本生父分爨，每月只得十元生活费。林罗两姓亲戚满城，婚嫁丧葬的事不断，还有妇女庆贺生子的饮“鸡酒”更多，这十元那里过活得去。母亲一年到头劳动。她去缝衣店领衣服回家缝，贴烧给死人的纸金银锭和纸鞋出卖。在后园种菜、种玉蜀黍，养鸡做饮鸡酒的贺礼，养鸽卖给酒楼，养鸭吃。我四岁后，全部劳动都带我学做，七岁上学后，因为那些贴纸金银锭等工作太费时间，会耽误学习，只要我帮她种菜、养鸭等。母亲变成了劳动妇人，也把我养成了一个热爱劳动的人。一九五六年，我在青岛生病，我单位近代史研究所党支部书记周超同志去接我来京医治。后来我们相熟了，他笑同我说：“那天见到你，使我吃了一惊，以为见到了一个拉大板车的哩。”

一九八四年，一位素昧生平的《人民日报》记者郑盛丰同志来访问，他在报道里说："乍见到罗老，我心中一怔：这位和本世纪同龄的大学者，却很像农民，已届高龄仍在操心劳作的农民！"[①] 可笑一九六六年秋"文化大革命"时，我被罚擦厕所的门。那些到我单位来参观"示众"的大人先生们，用着一种蔑视的眼光来投射我。他们不知，我在社会已经知名回到家乡的时候，在家清扫厕所，挖掘阴沟，母亲还站在旁边含笑看哩。我一生劳动，喜爱劳动，以劳动为光荣。我不曾有负我母亲的好教育。

母亲带我在四、五、六岁那三年做的解乱丝乱线、贴金银纸锭、做纸鞋的工作，给我的影响太大了。金银纸锭是把裁成小片的金银纸，贴比田螺小一些的纸锭，贴成后，把一张小纸片放在纸锭中心，再用小铅锤打牢才成。做纸鞋是用一种专做纸鞋用的蓝色的或黑色的纸，做成鞋后，再用灯草镶边。两种都是细致工作，粗心不得。母亲怕我贴金银纸锭不好，只教我上锭心，做纸鞋须有一定的技巧，只教我镶鞋边，都锻炼了我做工作小心。母亲给缝衣店缝衣，她买便宜的乱丝乱线，要解开才能用，教我学她那样将一个个的结子解开，一条条的丝线理清。解乱丝乱线必须十分忍耐，十分小心，否则就会越解越紧，越理越乱的。这个工作更加把我锻炼成了忍耐、小心、不苟且的好习惯。她在我做这些工作当中，常说故事给我听，使我百听不厌。我听了她说的故事，总是追问她："山熊奶奶怎样会变人啊？""羊公公为什么给狼吃掉呢？""仙女在哪里啦，为什么我没有见过呢？"诸如此类的问题，看来是把母亲问绝了，她总是说："又追根问底了！"但是，她这句话，只是表示她一次比一次更加深切地了解她孩子的性格，她要满足她的孩子，她尽了她所能尽的智能来回答她的孩子。这样，她又把我的好问，培养成了我"打破砂锅纹（问）到底"的追求。二十年后，我才知道这正是乾嘉学派治学的好态度。做学术研究，必须忍耐、小心、一丝不苟，必须"打破砂锅纹（问）

① 郑盛丰同志是受《金田》杂志的委托来访问的。他的报道题为《披荆斩棘治史，争分夺秒著书》，刊于 1984 年出版的《金田》53 期。

到底”。这些治学的态度，应该说是我一生工作的基本功。我母亲在我儿时就已经给我打下基础了。

我母亲生于那个苦难时代，连名字都不曾得到一个。她青春守寡，度过苦难的一生。她没有别的什么希望，只把全副心血教子成人。她也不要什么，更不要儿子歌颂。我今天不过是把蕴藏在自己心底里的心声不由自主地流露出来罢了。

选自罗尔纲著《抗病记　我童年的教育》，贵阳：贵州人民出版社，1991.06。

费孝通（1910—2005）

江苏吴江人，著名社会学家、人类学家、民族学家、社会活动家，中国社会学和人类学的奠基人之一。代表作《乡土中国》《江村经济》《费孝通文集》等。

暮年自述

◆ 费孝通

外祖父的国学底子很好，尤其在文字学方面很有造诣。记得我小时候听过他给学生讲中国文字起源、文字结构的课，还学会背诵不少口诀。

虽然外祖父的国学基础深厚，却不守旧。从我母亲和几个舅舅受教育的状况可以看出，外祖父是个乐于接受新鲜事物的人。……

我的母亲杨纫兰毕业于当时最“新潮”的上海务本女学，可以说是中国第一批接受西方教育的女学生里的一个，后来她一直是站在了当时社会潮流的前边。我手头有一张 1911 年妈妈抱着我同哥哥、姐姐一起照的照片，有趣的是，照片上两个哥哥身穿幼儿园制服，手里拿着红十字小旗，这在 90 年前的中国是很少见的。原来是因为当时母亲在家乡开办了吴江县有史以来的第一家蒙养院（幼儿园）。两个哥哥是蒙养院的学生，所以穿着统一的服装（后来我也成了蒙养院的学生）。蒙养院的学生除了学识字，还做游戏、学跳舞、学唱歌，有脚踏风琴伴奏，那时候这些事都是很新鲜的。

母亲对我一生的影响很大。她是个思想开放的人，乐于接受新事物，除了在家乡办新学，她还带头剪短发，讲求男女平等，注重子女教育。记得在出版《爱我家乡》这本书的时候，我特意在卷前编入父母遗稿各一篇，从母亲写的那篇《〈女界钟〉序》里，可以体会到她的思想境界。

我的童年正处在军阀混战的时期，整个国家动荡不安，老百姓常常因为打仗而四处避难。我家也同样，一旦有个风吹草动，母亲就带着我们几个孩子，从县城逃回同里老家。这样的逃难给我留下了很深的印象。

我们不是有钱人家，但是靠父亲的工资，每天都能吃饱饭，还可以有肉吃，属于中等家庭吧。有一段时间里，大概是妈妈有意锻炼我，要我负责记家里每天支出的账目，所以至今我还记得，我们家每天可以买七个铜板的肉，花十几文钱买米，一个铜板十文钱，再加上买蔬菜，一天的伙食费大约十多个铜板。记得有一次的假期里，在苏州上学的大哥、姐姐都回来了，妈妈把我们叫到一起，要我把账本拿出来总结一下，把各项支出画在坐标纸上，其中最高最粗的线是教育费用的支出。妈妈说，在花钱的时候，她首先要把我们几个孩子上学所需要的费用留足，然后才考虑别的花销。这件事我一直记着，以致几十年以后，在一次政协会上我用这个例子来说明国家在花钱的时候，也应该先留出一笔经费来保证教育的支出，其他的钱，多就多用点，少就节约点。国家和家庭理财的道理应该是相通的。

在妈妈的安排下，我们这一代五个孩子都受到较好的教育。大哥费振东毕业于上海南洋大学，在学校参加了共产党，是学生会的领导人之一，“五卅”运动时南洋大学学生上街游行，他是领队，走在队伍的第一排；毕业后去了印尼的一家华侨报馆当主笔，教过书；后来与党组织失去联系，脱党了。他在南洋二十多年，积极从事民主运动，和朋友们一道组织了苏岛民主同盟，1949 年回国，参加了第一届全国政协会议。姐姐费达生从苏州女子蚕校毕业后到日本留学，学成回国专攻缫丝和蚕丝业技术改革，帮助家乡农民发展养蚕业。姐姐的工作对我后来的学术研究起了很重要的影响。三哥费青在东吴大学学法律，后来考取公费去德国留学。新中国成立前他屡屡在法庭上为共产党员和进步学生辩护；新中国成立后在中国政法大学当副教务长，是中国法律界的元老。三哥费霍受舅舅的影响，进苏州工业专科学校学土木建筑专业。哥哥姐姐们做人做事的榜样，对我起了很好的影响。我自己则是受到了从幼稚园到大学一套比较完整的教育，后来又到英国留学。留学是用清政府庚子赔款的钱，其实这是美国人用中国人的钱来资助中国的年轻人出国学习，有很强的政治性，目的是要培养出受西方思想影响的一代人，加深西方文化对中国的影响。他们这样做的结果，确实在中国造就了一批接受西方文化的知识分子，就是这批人发起了“五四”运动，从西方引进了“科学”与“民主”的思想。

我父亲曾经考中清王朝最后一届秀才，科举制废止后，吴江县把他们一批人送到日本留学，学的是教育学。我听父亲说，他们这些留学生并不懂日文，日本学校请懂得中文的老师给他们上课，又由于日文在文字上同中文有部分相通，所以在日常生活中他们和日本人可以下围棋，可以进行笔谈。父亲回国以后在家乡创办了吴江中学，还应张謇的邀请到南通当过教员。他在南通教书的这一年我出生了，为作纪念，父亲在我的名字里用了一个“通”字。父亲一生没离开过教育工作，在当江苏省视学的时候，经常到全省各地的学校巡视，做调查。有时候他会带回一些地方志，这些书常常引起我的兴趣。

我在小学、中学的时候就喜欢写文章，我是班上办壁报和校刊的积极分子。我之所以喜欢写作，是从喜欢看书开始的。还在小学的时候，我的一位姑父，从上海为我订了一份商务印书馆出版的《少年》杂志，每一期杂志我都很用心地从头看到尾，时间长了就产生了给《少年》投稿的念头，而且我投的稿真的在那上面发表出来了，当时看到自己的文章用铅字印在白纸上，非常激动，它成了一股强烈的诱惑力，鼓励我不断地写作。从此写文章就成了我学生时代最大的爱好，影响了我一生。

选自费孝通著《费孝通在2003：世纪学人遗稿》，北京：中国社会科学出版社，2005.11。

金克木（1912—2000）

字止默，安徽寿县人。著名文学家，翻译家，学者。精通梵语、巴利语、印地语、乌尔都语、世界语、英语、法语、德语等多种语言，学术研究涉及诸多领域。代表作有八卷本《金克木集》。

学读书

◆ 金克木

教我读书识字的开蒙老师是大嫂，实际上教我读没写成文字的书的还是我的两位母亲。

大妈识字，大概不多。她手捧一本木版印的线装书看一会儿，这是极其稀罕的事。她看的书也是弹词。多半时间是半躺在床上，常要我给她捶背。或者自己坐在桌前玩骨牌，“过五关，斩六将”，看“酒、色、财、气”，一玩一上午。身体精神特别好时，她会叫我坐在她腿上，用两手拉着我的两手，轻轻慢慢一句一句说出一首儿歌。是说出或者念出，不是唱出，那不能算唱，太单调了。

“小老鼠，上灯台，偷油喝，下不来。叫小妞，抱猫来，叽里骨噜滚下来。”

我跟着一句一句学。什么意思，她不讲，我也不问。

妈看到大妈这样喜欢我，很高兴。在我跟着她睡的自己房间里，她也轻轻慢慢半说半唱教我。

“打起黄莺儿，莫教枝上啼。啼时惊妾梦，不得到辽西。”

她不认识字，怎么会背这首古诗？是我父亲教她的？还是她听来自己学会的？我不知道，也没问过，只是跟着她像说话一样说会了这四句诗，也不知道这叫做诗。

大嫂教我《三字经》时，她不看着书，和大妈、妈妈一样随口念出，用同说话一样的腔调，要我跟着学。我以为书本就是这样说话的，不同的只是要同时认识代表每一个音的字。这有什么难？大嫂用手按住教的两句，只露出指缝间一个字，问是什么。我答对了。不久，她又拿出一个纸盒，里面装了许多张方块纸片，面是楷书大字，另一面是图。这是“看图识字”，都是实物，也有动作，正好补充《三字经》所缺少的。像“人之初”的“之”字画不出来，好像是没有，也许是有字没有画，记不得了。

每天上午大嫂在房里非常仔细地做自己的美容工作，我坐在桌边读书认字，看着她对镜子一丝不苟地修理头发，还刷上一点“刨花水”，使头发光得发亮。还用小粉扑在脸上轻轻扑上点粉，再轻轻抹匀，使本来就白的脸更显得白。那时大哥还在北方，不在家里，她又不出门，打扮给谁看？是自然习惯吧？她已经满四十岁了吧？她是大哥的继室，自己只生过一个女儿，七岁上死了。是不是她把小弟弟当做自己的孩子教，排除寂寞？

我把《三字经》和那些方块字都念完了。觉得大妈、妈妈、大嫂的说话都不一样，还有书上的，口头的，“小老鼠”、“黄莺儿”、“人之初”也不一样，都很自然。她们说的话我都懂，不论音调、用词、造句有什么不同。书上文字写的就不全懂，我想，长大了就会懂的。她们不讲，我也不问，只当做都是说话。

这时三哥中学毕业，天天留在家里了。那时中学是四年制。他上的是省立第一中学，是全省最高学府。全国的大学，除外国人办的不算，只有戊戌变法时办的一所“京师大学堂”，改名为北京大学。中学毕业好比从前中了举人，还有人送来木版印刷的“捷报”贴在门口。大哥是秀才，在山西、陕西、河南什么“武备学堂”当过“督监”。二哥和三哥本来在家塾请一位老师教念古书。大概父亲后来受到维新变法思潮影响（这从家里书中可以看出来），送二哥进了什么“陆军测绘学堂”，三哥进了中学。二哥成为高度近视，戴着金丝眼镜回老家结婚没出来。三哥念完了中学，成绩优秀，是家中的新派人物。

有一天，大嫂在午饭桌上向全家宣布，从今以后，四弟归三弟教了。第二天我就被三哥带到他的房间里。室内情况和大嫂的大不相同。有一台小风琴和一对哑铃。桌上放的书也是洋装的。有些书是英文的。有一本《查理斯密小代数学》，我认识书面上的字，不知道说的是什么。我正在惊奇和兴奋中，三哥叫我坐在桌边，说以后我陪他念书，给我面前摊开了一本书。又说：“你念完了《三字经》，照说应当接下去念《百家姓》《千字文》《千家诗》，也就是三、百、千、千。那些书你以后可以自己念。现在跟我念这一本。”这是第一代的中国“国文教科书”吧？比开头是“人、手、足、刀、尺”的教科书还早一代，大概是戊戌变法以后，维新志士张元济，也就是商务印书馆的创办人和主持人之一，发起编订由“商务”出版的。

这书的开头第一课便是一篇小文章，当然是文言的，不过很容易，和说话差不多。三哥的教法也很特别，先让我自己看，有哪个字不认识就问他。文章是用圈点断句的。我差不多字字认识。随后三哥一句一句教我跟着念。他的读法和说话一样。念完了，问我懂得多少。我初看时凭认的字知道一点意思，跟着他用说话口气一念，又明白了一些，便说了大意。三哥又问了几个难字难句要我讲。讲不出或是讲的不对，他再讲解、纠正。末了是教我自己念，念熟了背给他听，这一课便结束了。他自己用功写大字，念英文、古文，我一概不懂，也不问。有时他弹风琴，偶尔还唱歌。我也看到过他两手拿着哑铃做体操。

这是我在家里正式上学了。这本教科书的内容现在记不得了。书中浅显如同口语的方言更使我觉得熟悉了书本的说话。现在回想，书中有两课讲的故事和画的插图又出现了。是不是在第一册里，记不准。

一课是《鹬蚌相争，渔翁得利》。文中对话平易而生动。三哥问我，双方对衔着怎么还有嘴说话，而且说人话？我答不上来。他便说，这是“寓言”。对话是作文章的人代拟的。以后读的书中这类话多得很，不可都当真。这是假做动物说人话，说的是人，重要的是意思，是讲给人听的。

另一课是《卞庄子刺虎》。“两虎相斗，必有一伤”，这时再去杀虎，两虎都不能抵抗了，还是第三者得利。意思和那一课一样，只是文中老虎没有说人话。忘了这是我提出来的，还是三哥讲的。

在争斗之中，双方都是相持不下，宁可让第三者得利彼此同归于尽，也不肯自己让步吃亏便宜对方。让渔翁和卞庄子得利的事不会断绝的。

小老鼠怕猫，黄莺儿唱歌挨打，鹬蚌、两虎相争，宁可让别人得利，这些便是我学读书的“开口奶”。这类故事虽有趣，那教训却是没有实际用处的，也许还是对思想有伤害而不利于处世的。到四十年代初，我曾作两句诗，说不定是从这幼年所受无形影响结合后来见闻才会有的：

“世事原知鹿是马，人情惯见友成仇。”

选自金克木著、张定浩编选《游学生涯》，上海：东方出版中心，2008.08。

于光远（*1915—2013*）

上海人，著名的经济学家、哲学家、社会活动家。代表著作有《哲学论文、演讲和笔记（1950—1966）》《中国社会主义初级阶段的经济》等。

一件影响我一生的小事

◆ 于光远

我是一九二一年暑期过后正式上小学的，到一九二二年暑期是我上小学的第一个学年。第一个学年中发生的事情我记不清了。在第二个学年的上学期，发生了一件很小很小的事情，这件事情我记得很清楚，它对我的一生产生了很大的影响。

这是一件怎样的事情呢？容我慢慢道来。

一九二二年十月十七日（阴历八月十七日），我的三舅在苏州阊门外南濠街三十二号（与蔡梅芳）举行婚礼。在这天前后，父亲念了两回《三国演义》给我听。就是这样一件非常小的事情，却使我开始抵制学校对我实行的、我所不喜欢的某些约束（其实这种约束是很普通的，一般的同学都能接受，对我的不喜欢在这里不作好坏的评论），走上自学的道路。无论在知识的长进、能力的提高、某些思想的倾向和性格的形成上，这件事都对我产生了极大的影响。以前没有专门去想这件事。十年前生病卧床，对我老伴口述自己的“二十岁前”的时候，我才把这个经历明确地概括出来。

对这一点，我无意当作经验来进行推广。许多年前，我曾想在我女儿身上多多少少运用一下我的这个“经验”，但根本不行。看来这件事对我影响之大，不但够不上“特殊”，恐怕连“个别”都说不上，是“个别又个别”的现象。但是现在我是写自己的故事，既然我有那样的经历，我也就应该好好地写一写。

为参加三舅的婚礼，我们一家都去了苏州。外婆家很热闹。我外婆家的房子是二层楼，大家都集中在一楼客厅说话。我父亲不善于，也不喜欢交际，不知道他是从哪儿找到了一本《三国演义》，就把我叫到外婆家楼上没有人去的地方，给我念起这本书来了。他不管我听得懂还是听不懂，从头念起。连“大江东去，浪淘尽，千古风流人物。故垒西边，人道是三国周郎赤壁……”那首《念奴娇》词都念了（方才我找出一九五三年十一月作家出版社编辑部整理注释的这部小说，一看才知道出版时编辑部把这首词删去了。可是我还清楚地记得，在我父亲给我念《三国演义》的时候，的确念过这首《念奴娇》）。我从来没有看过或者听过小说，这是第一次。我一听，觉得真有意思，比起课堂里学的东两有趣许许多多。那时我已经七岁过三个多月了，正上小学一年级，已经识了不少字。可是读的国语课本是很浅很浅的，什么“人”、“手”、“足”、“刀”、“尺”；“山”、“水”、“田”、“狗”、“牛”、“羊”；“一身二手”“大山小石”……多么没有意思！这《三国演义》可不那样，全是很热闹的历史故事。我父亲给我念了两回。我听得入神，还想听下去，让爸爸多念几回，可是爸爸不念了，我就自己看。这时我虽然已经认识不少字，可还有许多字不认识。遇到不认识的字，我就跳过去，没有把我难住。书里的人说的话，同现在大家平时说的不大一样，那是古人说的话，不过并不十分难懂。马马虎虎也就看懂了，这也没有难倒我。外婆家很热闹，我躲在楼上，把第三回、第四回……都读完了，越读越有趣。时间过得很快，爸爸妈妈说要回上海。我对外婆说，想把《三国演义》带回去。爸爸说家里有这部书，书就没有带回上海。

回到上海，我就闹着要爸爸马上找出他的《三国演义》来。其实藏书就在房间里（我家就只有一间房）的一个柜子里。这个柜子相当大，有两层。上层放的是衣服和被褥，书就在下面的一层。这个柜子从来不上锁，里面的书“多极了”，可是我从来没有打开过。爸爸把那部《三国演义》找了出来。我一看，这部《三国演义》比外婆家的那一部新，而且里面有许多人的画像。这部《三国演义》有许多本，第一本全是画像，前面是一个一个人的肖像，刘备、关羽、张飞都有，后面还画着书里的故事。这第一本我只翻了一下，就从第二本的第一回从头看起。上海家里有了这本书，从此我就不肯好好上课了，一心一意去看小说。一部《三国演义》可不短，拿起就不想放下，几个星期之后看完了。看完再找出第一本的画来看，回味书里的故事。《三国演义》里的故事，有让我高兴的，也有让我悲痛的。

看完《三国演义》，看《说唐》，再看《七侠五义》《水浒》……我家里那部《水浒》印得特别好。父亲告诉我这是同文书局出版的，所以叫同文版。这是我第一次听说书还有版本问题。从小学一年级开始，一年、两年……我成了一个“书迷”。

还记得这样一件事。有一次全校开运动会，所有的学生，不管参加不参加比赛，都要去运动场，我不得不去。可是我去的时候带上一本《水浒》。我靠着球场旁的电线杆看完了这本《水浒》。

没有几年，我把爸爸书柜里的小说看完了，就看弹词、戏曲等体裁的东西。它们与小说不一样，但是都有故事情节，都很能吸引我。书柜里的弹词戏曲有《再生缘》《珍珠塔》《西厢记》。我记得《西厢记》里的曲词看不懂，我就只看说白。

书柜里的“闲书”看完之后，就开始看不属于文艺作品的书。书柜里有很少几种用今天的话来说属于社会政治哲学类的书籍。这些书没有小说弹词“好看”，没有办法，好看的书都看完了，即使不好看的书也看，我已经成了一个非看书不可的人了。书柜里有梁启超的《饮冰室文集》；有“国家主义者”醒狮派一个姓曾的人——似乎叫曾朴的书；有一个“无政府主义者”叫何海鸣的写的书；还有严复翻译的、赫胥黎写的《天演论》等，我都拿出来看，胡乱地看。我当时已养成了这样一个习惯，看得懂的书看，看不懂的书也看。如果有一句两句、一段两段看出一点意思，就很高兴。后来读《五柳先生传》，看到“好读书，不求甚解，每有会意，便欣然忘食”时，我有一种特别的体会。

这样的书看完了，最后只剩下爸爸上江南制造局兵工专门学校时的课本了。

我父亲在兵工专门学校学过的书不多，全部“藏书”只有小半个书柜。这小半个书柜的书，是我小学时代的知识宝库。这些书我不但大都看过，而且是一遍一遍地看。我对我父亲书柜里的书特别熟悉。他的藏书是我了解我父亲读书生活的主要途径。由于当时我并没有想研究我父亲的经历，因此这一点当时并不在意，以后回想起是有这种作用的。当时我注意到的只是他都有些什么书我可以看。由于他在那个学校里学的是机械——实际上是学枪炮制造。学机械的着重学数学和物理（那时候物理叫“格致”），而他保存的数学方面的书比较“全”，但是也只有算术、代数、几何、三角（当时叫“八线”）几种。“格致”只有一本，内容是简单的力学和光学。在枪炮制造技术方面他保存了关于弹道和制图的教材。他上的兵工专门学校还有一部分学生是学化学的——实际上也就是学习炸药制造的。我父亲不是学化学的，在他的“藏书”中竟连一本化学书都没有。

他学过的那些课程，今天看来都是很简单的，并且教材编得都很笨拙。各种教材，包括数学教材都是竖着印的。在代数书中不用拉丁字母，即不用大写或小写的abcd，而是用甲乙丙丁、子丑寅卯。在算术书里，连阿拉伯数码也没有用，不用1234……而是用一、二、三、四等汉语方块字，这实在很不方便，不要说当代人，就是当时的我，也觉得奇怪。那时他上的这个学校的水平实在不高，看来这个学校的程度，恐怕连今天的中专也比不上，不过在那个时候是很有点水平了。

后来我觉得那个学校的课程实在残缺不全。讲枪炮制造他们倒是讲了“来复线”、弹道原理，总还应该讲一点解析几何的知识吧。但是在我父亲保存的数学书中这方面的知识一点也没有介绍。也正因为这些课本实在太浅了，我觉得读起来一点也不难。

读完这些书的时候，我也接近小学毕业了。

我小学最后一个学期是在北京读完的。父亲在北京做事，母亲要去北京跟爸爸一起过日子，他们当然要把我带去。当时我距小学毕业还差一个学期，就得找一个小学上学。到北京后，我家住在西四南兵马司，我母亲就陪我去离家不远的西四北礼路胡同的一个教会办的小学——铭贤小学考试，做插班生。这个小学收马上就要毕业的高小三年级学生，而且入学考试采取“随到随考”的办法。一个女老师问了我一些国文方面的问题，又问我是否学过英文。在上海我上的小学初小三年级就开始学一点英文。她测试了一下，最后出了几道算术题，要我当场做，做完了当场判卷。从头到尾，我母亲在一旁等结果。考试完了，母亲问老师：“这小孩学校能不能收？”回答说：“收，小孩子的数学好极了！”原来老师出了一些像鸡兔同笼那样的四则题，我用从父亲柜子里的“代数”书中学会的二元一次联立方程式解答了。

但是应该指出，我受到这件小事的影响，不仅仅是直接的东西——即从我父亲的藏书中学到了许多在学校课堂里学不到的知识，而且还获得一些融入我性格中的东西，那就是：在求知上，不怕一下子看不懂书上写的，甚至越是难懂的语言，只要看得出话里有深刻的道理，我就越是想钻深钻透。甚至超出求知的范围，扩展到社会生活的各个方面。

选自李辉主编《于光远自述》，郑州：大象出版社，2005.06。

周一良（*1913—2001*）

历史学家。代表作《亚洲各国古代史》《中日文化关系史论集》《魏晋南北朝史札记》等。

父亲对我的影响

◆ 周一良

曾祖父去世时我还很小，祖父更是根本不及见。若说家庭影响，主要来自父亲。我父亲周叔弢（1891—1984），原名暹字，是实业家、藏书家，去世时任全国政协副主席。父亲律己甚严。如他五兄弟当中，四个有侧室，甚至不止一人，他却对嫖赌、鸦片丝毫不沾。对子女的要求因而也比较严格，同时思想又比较开明，能随时代前进。他对我的教导，有两件事至今我印象很深。我十六七岁时，天津的时髦女子开始流行烫头发。两个来自上海的堂姐置办了火剪自己烫着玩，也给我烫了一脑袋卷毛儿。当时父亲在唐山工作，大约每月回津一次。他不知怎么得知此事，在给我的信中并未提及烫发，却插进了八个字：“人能笃实，自有辉光。”这两句话使我深受教育，至今不忘。以后一生悃愊无华，比较朴素，与这样的家教分不开。我的九个弟妹，也都没有富家子女恶习，显然是父亲良好家教的结果。

另一件事是在我到燕京大学读书之后。我选了容庚教授的“《说文解字》研究”一课。原来对这门课期望甚殷，而容先生的教学方式却不涉及许书内容。每堂课由他在黑板上陆续写出楷体字，轮流唤学生上去写出篆书。实际上成为练习篆字，而不是研究“说文”。我心里很不满足，回津时向父亲谈及，不免慷慨激昂，表示要向老师提意见。父亲告诫我对老师要谦虚，老师的教法必自有其道理，不宜鲁莽从事。这件事教导了我谦虚谨慎，注意涵养，以后立身处事似乎没有违反这种精神。

父亲藏书丰富，有不少善本，又喜欢搜集文物字画等等。这种嗜好与修养，使子女无形中耳濡目染，提高了文化素质。他对于子女的专业选择一概不加干涉。所以虽然“南张（謇）北周（学熙）”蜚声于旧中国实业界，父亲后来又成为他的叔父周学熙“北周”系统的重要代表人物，而他的十个子女却都从事于文史、科学、技术、教育等方面的工作，没有一个去搞实业。我应当坦白自己的无知，在家里从未见过股票什么样。这种情况，在旧中国一些资产阶级的大家族中，也是颇为罕见的。

……

父亲续娶杭州许和之，有名“许氏八乃”（许乃普、许乃钊等）之后生了五弟：珏良（北京外国语学院英语系教授）、艮良（天津建筑设计院副院长）、杲良（美国斯坦福大学神经学系教授）、以良（哈尔滨东北林业大学教授）、治良（北京建筑设计院副院长），三妹：珣良（铁道部教育处干部）、与良（天津南开大学生物系教授）、耦良（高中英语教师）。1925 年继母许氏逝世后，父亲又娶继母阳湖左道腴，清代名臣左辅之后，生一弟景良（中国科学院地质研究所研究员）。我是 10 个兄弟姊妹中的大哥，这个表率地位与我以后“一生唯谨慎”和循规蹈矩的作风不无关系。

选自周一良编著《天地一书生》，北京：北京大学出版社，2010，题目为编者所拟。

何炳棣（*1917—2012*）

浙江金华人。历史学界泰斗，被选为美国艺文及科学院院士。代表作《明清及近代人口史论》《明清社会史论》《东方的摇篮》《读史阅世六十年》等。

家世与父教

◆ 何炳棣

记得我大约阴历十岁的那年，有一天父亲在沉思之后对我们说，不知为何昨夜梦见他的父母，可能由于他在外多年，从未按生日、忌日祭祀过父母。父亲决定今后一定要按生日忌日举行祭祀。除了叫家里准备荤素菜肴（内中必须包括以薄薄的豆腐皮裹入黄豆芽、冬笋丝、冬菇丝等极爽口的“豆腐包”）之外，要以锡箔叠元宝，装进印好格式的纸包，纸包要按以下的方式由我以恭楷写：右行“浙江金华北乡瓦窑头巳山亥向”，当中写：“先考何公讳志远府君、先妣陈夫人”，左行下半：“孝男寿权、孝孙炳棣”，等等。由于父亲应酬忙，忙时由我代祭。祭前出门捧香向南揖拜迎接祖父母之灵，请到上房之后，要三度敬酒，三度磕头。第三次磕头之后以一杯酒按“心”字形泼在地上以示报恩之诚。然后持香出门，烧纸包，恭恭敬敬地向南揖拜“送别”。

自始父亲即强调一点：一切要心“诚”。幼年这种训练使我后来非常容易了解孔子、荀子论祭的要义和“文革”期间亿万群众经常跳“忠字舞”的历史和文化渊源。回到正题：父亲决定恢复祭祖，我才知道祖父的名字。

父亲名寿权，字逸清，生于同治九年庚午（1870）。他的生母陈夫人是志远公的继室。猜想中志远公第二次结婚时或年已逾四十，大约生于道光十一年（1831）以前。我的大伯父寿延公（即德奎的祖父）和二伯父寿铨公（即炳松之父）年纪要比父亲大不少。我和父亲的年龄差距实在太大，这造成我青少年时期心理和学业上长期的紧张和终身脾气急躁的大缺陷。父亲曾根据他壮年自习日文科学教本的知识为我讲述遗传及生理大要。他说：“你祖父寿至八十三，祖母寿至八十七，隔代遗传很重要，好自为之，你也可能像祖父母那样长命的。”没想到他紧接就讲西周昭穆制的要义，很自然地就在我脑海中那么早就播下“多学科”治学取向的种子！……

除父亲外，身教言教对我一生影响最深的莫过外祖母张老太太。她至老都一直保持端秀慈祥的面容，非常热情，又富理智。亲友同乡间的大小磨擦，经过她合情合理的仲裁和教训之后，无不人人倾服。我是她最疼爱的对象。父亲明了她这“弱点”，所以对我执行体罚之前先将门内锁，以平时用蜡擦得亮亮的红木戒尺重重地连打我的左手心后，才开门半赔笑着恭候外祖母的责骂。最使我终身不忘的是我吃饭时，外祖母不止一次地教训我：菜肉能吃尽管吃，但总要把一块红烧肉留到碗底最后一口吃，这样老来才不会吃苦。请问：有哪位国学大师能更好地使一个五六岁的儿童脑海里，渗进华夏文化最基本的深层敬始慎终的忧患意识呢？！

此章的回忆应回到重点：父亲如何决定我的早期教育。

至今仍不时涌现我脑海和“眼帘”的，是商务印书馆精印裱好的一副历史“对联”挂轴。严格说不是对联，因为左联用彩色横贯表明历代王朝国祚的长短，夏、商、周和两汉就上下宽、面积大，秦、隋就上下极窄几乎只有左右横贯的一线了，五胡十六国、辽、金等朝代在左半部另划专区处理，但在上下比例上仍与东晋、南朝、南宋联系。右联全是纵向安排，和木版书一样自右而左一行一行地接连下去，上始黄帝，下迄宣统，详列了传说及正史中“五”千年的帝王世系。这副历史图表挂在王夫人和我卧室的墙壁。回想起来，我高中和大一时主修化学的意愿，是绝对无力抗衡从六岁起父亲有意无意之间已经代我扎下了的历史情结的。

国学方面，父亲督教到我初中毕业为止，前后为时最多七八年。他从不系统地自四书五经入手。他大都是先以最能引起幼童兴趣的历史人物故事出发，相当自然地也就涉及相关的典章制度方面较专门的问题。这种似乎任意性粗浅的“经”、“史”之间频繁的“穿梭”读书办法有其利亦有其弊。好处是使我对学习的内容不会感到枯燥难懂，刺激我的好奇心，并且无形之中就初步引导我走向“分析”和“联系”事物之间复杂关系的思维道路。这大概是父亲不止一次称奖我“悟性好”的原因。短处是：所学东鳞西爪没有系统，长篇背诵工夫太少，完全不涉及文字、训诂、音韵等国学基本工具，以致我一生治学最大的憾事是不能像前辈学人那样熟诵一部又一部经史古籍；以致我一生自幼到老的中文写作几乎都是质胜于文、理胜于文，自恨从来没有下笔万言流畅自如的才气。

必须郑重声明的是，以上概括性的回忆很容易给读者们一个错误的印象：好像先父自始即诱导我成为一个史学家。相反的，父亲对我的希望是在事业（最初绝不是指学术）上多少能有点成就，而不论任何事业都需要一定的文言表达能力。几经考虑之后，他才认为选读古史纪事论议配以《论》《孟》和《礼记》“檀弓”、“王制”、“礼运”、“月令”等篇章句是训练文言表达能力的捷径。我多年后一再反思中才体会出他当时更深的苦心：他与我之间年龄差距既如此之大，时代变迁又如此之速，我童少年的教育必须以能适应新时代的要求为主。他更忧虑我在新式教育方面能否培养出竞争的潜在优势。因此在我小学五六年级时，他叫我下课后去一家孔庙后边的“夜校”学习英文。他虽能读日文，但从未叫我学日文，而总提到英文的重要。父亲 1941 年去世，我迟迟于 1942 初冬才回天津探望母妹，从橱箱里翻出一本毛边纸的寒假作业，封面上父亲题了一首七言诗：

不是新年不汝宽，
当今学问贵精专；
陶公且把分阴惜，
今比陶公百倍难！

我无法遏制我的泪水。1971 年秋重访祖国，1974 夏赴津门扫墓，问及这本冬假作业小册和童稚之年的几张照片，家妹回答，“文革”期间，人人胆寒，所有可以构成海外关系的片纸只字都不得不付之一炬。这是我衰年忆往一大憾事。

部分地由于父亲心里明白一个十二三岁少年所能挑起学习负荷的限度，部分地由于南开中学国文课程确能保持相当的水平，他对我的古文督导反而放松了。初中的三年是我最不用功、最贪玩、最耗时于田径和球赛的时期。不过 1931 年初中毕业的夏天，父亲坚决命令我把特为我买来的一部又旧又破线装的《史记》任意圈点。“项羽本纪”和“太史公自序”必须细读，其余自行选读，以列传为主。内容不懂之处可暂时不管，能懂之处则写“书后”，秋季开课前一二十天“交卷”。他强调声明，入高中以后，他不再管我的古文，一切都要看我自己了。后来回想，1931 年夏所作“项羽本纪”、“伯夷列传”等篇的“书后”多半是略加修改的古人滥调，但“货殖列传”和“太史公自序”中当时学力所能了解和欣赏的部分却使我终生受益。

父亲虽无意诱导我一生专攻历史，他却明明白白地叫我立志先考进清华，再准备考出洋。早在 1926 年冬一个日丽风静的星期天下午，他带我去八里台参观南开大学的校园。那宽敞画出跑道的田径场、秀山堂、思源堂等西式的建筑，真开了小学生的眼界。父亲似笑非笑地问我，长大要不要来这里读大学。我说当然想来读。他面容马上变得很严肃，指出南开之有名是因为中学办得好。办大学很费钱，南开大学是新开办的，底子还不够厚。他紧接着说，他供得起我念最好的小学，也供得起我念南开中学和国内较好的大学，但是绝对没有能力供我出洋留学；而“这种年头，如不能出洋留学，就一辈子受气”。我问父亲怎样才能出洋。他说本来像炳松哥和阿奎（德奎）都是考取浙江省和教育部的官费留美的，现在浙江已经没有官费留学了；本来清华学堂毕业个个都派出洋，听说清华已准备改成大学，改成大学以后毕业生恐怕不能个个出洋了。出洋是越来越难了。看来还是只有多用功先考进清华大学再说，反正清华的学生考取留学的机会要比别的大学学生多一些。于是我从九岁起就以考清华作为头一项大志愿，考留学作为第二项更大的志愿。

此外，父亲还有三件事对我一生都有深远的影响。父亲以儒医结交了一些直（隶）系官员。记得阴历六岁的冬天，父亲叫我穿上袍子马褂，说今晚带你出去吃酒席，不是只为吃，而是为让你见见世面。这种一年三两度见世面的“训练”大约八岁以后就结束了，但我一生对学术内外大小场合尚有应付能力是与这种早期训练分不开的。

第二件事是高小在家练习作文时父亲一再强调阐发：“文章贵能割爱。”意思是文章的主题本身是一个单元，主题之下，章节段落一般是为发挥主题意蕴的，也可能是有关主体的较小单元。尽管作者有天大学问，所论如不贴切主题而强行搀入，必会破坏文章的单元，反成全文之病。父亲这项教导对我日后重要的考试和写作都大有裨益。

第三件事有关我一生的治学与立志。由于外祖母格外的宠爱和同乡长辈过分的夸奖，童年的我有时真会翘起尾巴，大概就在这种情况下，父亲用粗豪而犀利的语气对我大加教训：“狗洞里做天王算得了什么，有本事到外边大的世界去做天王，先叫人家看看你是老几。”在我成长的过程中，对早岁父亲骂我的话曾作过多度的反思。在我完成英国史博士论文的前后，我已下了决心去实现两个愿望。首先是通过广泛的阅读和与师友们的讨论，尽力了解国际上哪几位近现代史学家代表史学研究的世界最高水平。紧接着博士后全部投入国史研究时必要跳出“汉学”的圈子，以西方史最高水平为尺度，并以自己国史研究的部分心得尽快地尝试着打进西方历史及社会科学方面第一流的期刊——这才是国史研撰较高较难的试金石。

选自何炳棣著《读史阅世六十年》，北京：中华书局，2012.06。

周汝昌（*1918—2012*）

生于天津。著名红学家、古典文学研究家、诗人、书法家，是继胡适等诸先生之后新中国红学研究第一人、考证派主力和集大成者，被誉为当代“红学泰斗”。代表作《红楼梦新证》《诗词赏会》等。

《红楼无限情：周汝昌自传》楔子

◆ 周汝昌

上

我怎么会和《红楼梦》缔结了文缘？不可思议。也许这并非“文”缘，而是“灵性已通”的感悟之缘，亦未可知。……

我祖父一生没“做事”、“任职”，享了哥哥赐予的大福气。他酷爱文学艺术，禀性不俗。因见草火园子里本有像是从明末遗存的古树（还有大果树），就将计就计，引泉搭桥，堆土作亭……还盖了一座小楼，名之曰“爽秋楼”。又因内供魁星，亲友能书者又赠一匾曰“旭升阁”。雇了伙计、把式，看园子，管花木，竟然经营得颇有可观。在这一带（俗称海河沟儿里），这是独一无二的！因此出了点儿小名气。听老年人说：庚子乱世那年，此地为日本军占驻，在日本人眼里口里，“修家”（日语把周念成“修”）花园堪称一景。但家里人始终只叫“草火园子”。

我几岁时，母亲就常给我讲园子的旧事，令我神往。母亲说：老八爷（祖父大排行第八）不回家，就住园子里。那时候园子可太好了，花草树木好看极了！每到花盛开时，他总是把全家各院（族大人多了，分住多处，以某院呼之）的闺女媳妇们叫去，一齐去看花。这些年轻的，不像如今这么不讲究，都要打扮起来——当年那样的衣裳和梳妆，你哪里知道、见过？那一大群真是花团锦簇，老八爷看见我们来了，高兴极了，带领着各处游遍了，还给讲这叫什么花、那是什么树。我总说，那真像《红楼梦》！

母亲的话，我并不全懂得确切，可是总也难忘，总在“想象”那个境界。

母亲还说，老八爷喜欢的是西院的那些侄子侄孙们，爱他们的风流才藻，诗文书画，吹拉弹唱，件件皆能。不喜欢你爸爸，嫌他古板儿，没才气（拘拘谨谨，朴朴素素，不会什么）。最爱西院四先生（谓我之堂兄，号雨臣），四先生爱看《红楼梦》，见人就讲一段——“这丫头不是那丫头，头上哪有桂花油！……”

母亲回忆，仍然那么津津有味。我听了更不懂是怎么回事，可是也怪，总记得这些话。

中

小时候家里的“小说环境”很有趣：父亲（名景颐，号幼章）好《三国》，炕桌上总有一部《三国演义》，不知何版，插图极精，常常翻看一回，懂得欣赏那种铁画银钩的白描“版画”式的工笔画，但对内容没有兴趣——不喜欢你争我战。父亲还在西邻的文华书局买了一本《小三国演义》让我看，是世界书局编的一套通俗节本，这小书也很可爱，可是怎么也没引起我对“三国”的真兴趣。母亲（名李彩凤）则专好《红楼梦》。

三哥（名泽昌，字雨仁）自幼是个小说迷，他买了大批“闲书”，小字石印本，武侠类、济公传，杂七杂八，并无高雅之品——那时锁着，我也并未多见。

因听母亲常讲《红楼梦》，她又正有一部《石头记》，我就试着看。可是一开头就读不下去，什么“作者自云……”一大篇，觉得沉闷乏味，看不下去——很晚才考知那是“回前批”混入正文，正文真正开始是“列位看官，你道此书从何而来……”这才真像“说书”。如此试了多次，都失败了，掩卷而罢。到底从何时才真坚持读下去？是否一次就读完整部？恐怕也不是，一切记不清了。但是从十五岁（虚岁）上初中，自学作诗填词，那“格调”全出《红楼梦》——诗的七言句像“葬花吟”，小令的句法像“柳絮词”！这表明那时我并非草草翻看、浮光掠影了，着实受了些熏陶浸染。

1935 年考入南开高中，同屋好友是黄裳（学名容鼎昌）。现已记不清由何引发，谈《红》忽然成了我们两个人课余共语的一大主题。我曾有专文名为《黄裳·我·红楼梦·水西庄》，记叙当时少年意趣。

下

以上所叙，“红学”之渊源也。然我之平生，下工夫最多的却是诗词学与书法学，如不讲及，实则难符“观人必以其全”的道理了，是以也宜粗记这两个方面的种因与萌芽。

寒家无书，幼时即有求书的渴望，问父亲怎么咱家没书看，父亲答说：本有些书，在西院里，他们学问都富，后来你大堂嫂一把火都烧了！

我听了，又去问母亲，想知道西院的旧事遗闻，母亲说，大先生（当时对我们这一辈大排行都这么称呼）是个风流人物，才气过人，不拘小节，可是你那位大嫂子不喜欢他，嫌他没能耐，什么（世俗事务）也不会，说：都是书把你害的，成了书呆子！我烧了它！

……

我们那一方，老时候不讲妇女教育，大多数是无知识，也缺乏正当的教养，可以兴叹。

且说大堂兄，本名周湘，表字春帆——只听听这名这号，就是一片诗情画意了，可见我们虽是村镇船家，那文化气味确实不俗。母亲对西院的几位堂侄各有才华，常致赞赏之意。

因此，自幼苦无书读。父亲因家计不裕，人口多而收入甚少，诸事极俭，也从未有过给孩辈买本新书的念头。

于是我只能在“本处”（家里）乱找。说来可怜——父亲“书斋”里所有的“典籍”书目是：一部《古文观止》、一本《千家诗》、一函石印的写刻本《郑板桥集》。

这让人家听了，岂不“大牙笑掉”！但事实不容“打扮”，我就是在这种文化环境中长大的。

谁知，就是这么“寒伧”的条件，这么一小点儿“文化颗粒”，竟然也对我发生了影响。假使连这也无有，事情也许就会变样子。因悟不论家庭文化环境如何，父母在力所能及的条件下多给儿童添置一些优秀读物，实不可漠然视之，关系是太大了。

那本《千家诗》是村塾陋册，木刻小窄册子，毫不精美，可是那些诗，尤其是七言绝句，引我入迷。

父亲也能作诗，北方人，却对入声字（属仄声）一个不会错，不知怎么学的；但他不是“诗人型”、“才子型”的人，也绝口不教孩子声律之事。我的“诗感”也是从母亲那儿得到启诱的。

母亲是独生女，我之外祖父恰如我的七爷爷，是养船创业之人，无嗣，将遗产全交给了弟弟（乡语四姥爷），女儿并无继承权。我母亲自幼慕学，但只能听家塾中族兄弟的读书声，心神向往，尤其喜爱那吟诵（今曰“美读”，不是“朗诵”的那白话腔）唐诗的音韵。她还能仿摹几句，我记得的是：“雨来霑席上，风急打船头。越女红裙湿，燕（yān）姬翠黛愁……”那全是北土豪迈健爽之声腔，抑扬顿挫，好听极了！

她也能背《千家诗》里的七言绝句，如：“月移花影上瑶台，几度呼童扫不开。刚被太阳收拾去，却教（jiāo）明月送将来。”慈母的诗教，对我幼小心灵的赐予，终身难忘。

至于郑板桥，他的诗词自然还不能全懂，但感觉上是此人的文笔清新，有真性情，有点儿喜欢。

应该补一句：父亲还有一部《诗韵合璧》。从这书里，自己摸索，渐渐地自悟了韵脚与四声的道理——没有一个人教过我一句有关知识学问。

父亲在故乡一带，书法的名气不小，一年到头，求字的络绎不绝。父亲的字，功底是欧楷，笔墨扎实之极，然后习行书，则认上了东坡。

东坡与弟子由二人之书是宋代名家中最得六朝笔法的慧眼高手，所惜者坊间流行的苏帖皆非佳品，看不见苏书的真命脉，受些限制。但父亲的笔致仍然敷畅遒利，不像清末学苏者和造假苏迹的那种劣札的任何病态。他最晚期的字是学赵子昂的《织图诗》草书墨迹，只是喜其草法简古，而与圆熟肥软的“赵体”无关（其实真赵书并不是那样子）。

我自幼当写字的“书童”，研墨，抻纸，晾字，都懂行。到了腊月，更是热闹忙碌，求写年对的一大卷一大卷地接踵而来。每日写的晾满几间客屋地上，也容不下。

那时求字都懂规矩，讲礼貌：纸是自己裁好了，背面写明是何处所贴，各有规制。宣纸的，皆于背面纸角上贴一红签，上写“敬求墨宗，赐呼××”。

父亲不是“挂笔单”卖字的，义务劳动，懂礼的到年节时分，送些雅礼——以茶叶为多。送墨（汁）、点心等物的也有之。

在我心目中，父亲最擅长的还不是一般人求的条幅（俗称“挑山”）之类。他有两大“拿手活”：一是朱柏庐《治家格言》，二是牌匾大字（古之“榜书”）。

前者是求字的最珍重的“点活”，要由南纸局用玉版宣裁好四扇屏的规格尺寸，用朱丝栏画好方格——全文字数是一定的，字照规矩是正楷，一笔不能带行草——率意之处。父亲是“默诵”书，不看本子，记忆精熟，一气呵成，神完气足。这是真功夫，一点儿假也羼不得。平生只有一次，到后幅一走神写漏（脱落）了一个字，就只好全部作废。

牌匾大字古称“榜书”、“擘窠”字，最小也有五尺见方，用大抓笔（斗笔，无细长柄），需整瓶墨汁入大墨海（盆）加研。父亲是瘦人，身材只中等，平时也不见他“练”大字，但一拿起大抓笔，濡墨蘸饱，如“成竹在胸”，那字出来，结体神态，无一点可挑剔处，晾在平地还不太显，一经刻木高悬，再一仰观，这才“见真格的”，无不赞叹。城市里的牌匾，少有能及。

我当书童是熏陶濡染。至于习字，家里虽有一部《三希堂法帖》石印本，好像是文明书局印的，原装一个木箱，因当时是珍品，父亲不喜我乱翻，我也轻易不去触动。但偶尔偷看看，觉得最奇怪的是书圣右军的《兰亭》帖，在全部《三希》出现多次，一次一个样子——定武本、神龙本、褚临本、陆继善钩摹本……尤其看到元代的陆摹，那等的飞动精奇，而“定武”却那么板滞无神，心里着实纳闷！

到底右军真面是哪一本最能传达几分？这个大问题，是我大半生追寻的理想目标——至老未息。

诗曰：

藤阴侍砚墨香幽，艳说红楼拟旧楼。永忆慈声吟杜句，雨霑席上翠眉愁。

选自周汝昌著《红楼无限情：周汝昌自传》，北京：北京十月文艺出版社，2005.03。

教育家卷

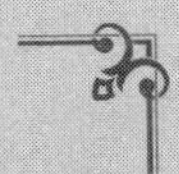

马相伯（*1840—1939*）

祖籍江苏丹阳，生于丹徒（今镇江市丹徒区），近代著名教育家、复旦大学创始人、震旦大学首任校长。杰出教育家蔡元培，民国高官于右任、邵力子为其弟子。著作等身，代表作《马相伯先生文集》。

我的孩童时代与宇宙观与家教

◆ 马相伯

我的家庭生活，总算很圆满，儿童时代，尤其令我留恋。我们家庭奉天主教由来很久，大约在利玛窦到中国来以后，我们的祖先便成为教徒。我的外公外婆也是奉天主教的。我小时，母亲教导我极为严厉，对于我的一举一动，一言一行，都不肯忽视。譬如，同人说话，绝对不许加人以恶声，世俗的爷娘看见自家的小儿会开口骂人，便欣欣喜色；我的母亲则不然，口出恶言，在所厉禁。在桌子上和大人一块吃饭时，坐位不得侵占人家的地方，检菜不许越过自己面前的菜蔬。若果要吃对面那一边的菜，一定要请大人代检。到了外婆家里，母亲必每日照常课我一定的功课，如读生书几页，熟书几卷，临若干字，等等，功课完了之后，才准出去玩耍。若果有什么不是，母亲必定要加以督责。但是在外婆家我是不大怕母亲的，因为有外婆做靠山。母亲对我虽厉害，但外婆对我却是恩爱逾常，每逢母亲要责罚我时，外婆便出来庇护我，母亲也无可奈何。不但外婆对我好，就是父亲也是很温和的，不像母亲那样严厉。因此，我也就不怕他，他被我弄得无法时，还有时轻轻地对母亲说，你给我管管孩子罢！其慈爱便可想见。中国社会治家的格言是“严父慈母”，而我的家庭教育却有“严母慈父”，然我因母亲督教甚严，却养成一种严肃的克己观念，后来处世接物之不肯薄待人或对人无礼，皆在此时种下了因子。

我小时虽然受了母亲的严肃的教育，然而我自己的好动的天性还是活泼的发荣滋长。我在私塾读书的时候，同学有十几个，我年纪最小，然而遇到事情，总是我做领袖。一来是因为我好出主意；二来是我本着我所受于家庭的严肃教育，律己律人；三来是大家皆服从我的指挥。我那时对同学的第一个戒律就是不许骂人，第二是不许打人。不过读者不要误会，以为我不过是个顽皮的学生，我因为受了家庭的影响，对于人生观和世界观都已能不为那时中国社会传统的见解和习染所拘束。中国人对于儿童总是灌输其鬼神观念：平时往往以鬼怪之说，恐吓儿童，又因他们无论吉凶祸福都要求神拜庙，不知不觉就把儿童小小的心灵弄成一种愚昧无知、盲从迷信的状态，我幸而没有受过这种摧残。所以我对于当时上大夫所视为神圣不可侵犯的天子，看得也很平常，我因宗教的启瀹，又知道天子也和我们一样，同为造物所造，同是有生有死，在上帝之前，同是平等，并没有什么神奇。至于黄金、玉带，我更看得平常。当时我觉得黄金与泥土并没有贵贱之分，而泥土比黄金更有用，因为黄金只为少数人所有，而且饥不可以饱肚，寒不可以取暖。土则万物生焉，人类的生活完全取给于此，古人所谓“有土此有财”就是这种意思。我那时虽尚不能领会这一句的格言，但我直觉的思想着实已超过了这一句的范围，我后来的人生观与宇宙观，皆从这时顺着这种倾向发展出来的。

选自马相伯著《一日一谈》，上海：上海文艺出版社，1999.01。

蔡元培（*1868—1940*）

字鹤卿，又字仲申、民友、孑民，浙江绍兴山阴县人，著名革命家、教育家、政治家，中华民国首任教育总长。1916年12月26日出任北京大学校长，革新北大，开“学术”与“自由”之风。蔡元培一生致力于废除封建主义的教育制度，奠定了我国新式教育制度的基础，为我国教育、文化、科学事业的发展作出了富有开创性的贡献。代表作品《蔡元培自述》《中国伦理学史》等。

自写年谱

◆ 蔡元培

十一岁　纪元前三十五年，西历一八七七——一八七八，清光绪三年丁丑。

是年六月廿三日，我的父亲去世。父亲讳宝煜，字曜山。任钱庄经理。去世后，家中并没有积蓄。我的大哥仅十三岁，我十一岁，我的三弟九岁。亲友中有提议集款以充遗孤教养费者，我母亲力辞之。父亲平日待友厚，友之借贷者不必有券，但去世后，诸友皆自动来还，说是良心上不能负好人。母亲凭借这些还款，又把首饰售去了，很节俭的度日，我们弟兄始能生存。我父亲的好友章叔翰先生挽联说：“若有几许精神，持己接人，都要到极好处。”

我父亲在世时，四叔父也任钱庄经理，五叔父及七叔父均任钱庄的二伙（即副经理之意），二叔父任绸庄经理，六叔父是田氏塾师，都有职业。我的外祖父家周氏、大姨母家范氏、四叔母的母家王氏，都住在笔飞弄，而且家境都还好，亲戚往来，总是很高兴的，我们小孩儿，从不看到愁苦的样子。我父亲去世以后，我们这一房，固然陷于困苦，而不多几年，二叔父、五叔父、七叔父先后失业，即同住一弄的亲戚家，也渐渐衰败起来。我那时候年纪虽小，但是听我母亲与诸长辈的谈论，也稍稍明了由盛而衰的缘故，引起感想，所以至今还没有忘掉。

二十岁　纪元前二十六年，西历一八八六——一八八七，清光绪十二年丙戌。

正月廿二日，我母亲病故，年五十岁。我母亲是精明而又慈爱的，我所受的母教比父教为多，因父亲去世时，我年纪还小。我本有姊妹三人，兄弟三人，大姊、大哥、三弟、三妹面椭圆，肤白，类母亲。二姊、四弟与我，面方，肤黄，类父亲。就是七人中第一、第三、第五、第七（奇数）类母，第二、第四、第六（偶数）类父。但大姊十九岁去世，二姊十八岁去世，四弟六岁殇，七妹二岁殇，所以受母教的时期，大哥、三弟与我三个人最长久。我母亲最慎于言语，将见一亲友，必先揣度彼将怎样说，我将怎样对。别后，又追想他是这样说，我是这样对，我错了没有。且时时择我们所能了解的，讲给我们听，为我们养成慎言的习惯。我母亲为我们理发时，与我们共饭时，常指出我们的缺点，督促我们的用工。我们如有错误，我母亲从不怒骂，但说明理由，令我们改过。若屡诫不改，我母亲就于清晨我们未起时，掀开被头，用一束竹筱打股臀等处，历数各种过失，待我们服罪认改而后已。选用竹筱，因为着肤虽痛，而不至伤骨，又不打头面上，恐有痕迹，为见者所笑。我母亲的仁慈而恳切，影响于我们的品性甚大。

选自蔡元培著《蔡元培自述》，北京：人民日报出版社，2011.07。

黄炎培（*1878—1965*）

江苏省川沙县（今上海市浦东新区）人。杰出的教育家、实业家、政治家，中国民主同盟主要发起人之一。毕生精力奉献于中国的职业教育事业。代表作《黄炎培考察教育日记》《新大陆之教育》《东南洋之新教育》等。

母　训

◆ 黄炎培

我想写我母亲了。可是我写不下去。母亲呀！根据我童真时的想象：世界上有美人，最美是我母亲；世界上有好人，最好是我母亲。我母亲待人多么好呀！只记得我仿佛十岁多些时，一天午饭，有一碟菜，我想吃。母亲说："留一下，某人要来吃饭。儿呀！待人好些，自己省俭些。"我至今没有敢忘。到一九二九年我五十二岁时曾写《母训一则——待人好些、自己省俭些》这篇文给我的儿辈。

记得还有一次，受到病里的母亲大大的训斥。她说："奎（我的小名），你看！谁在那里闲荡过日子？公公怎样？婆婆怎样？爹在外边怎样？农民一个个忙得怎样？只有你既不读书，又不做事，怎么对人得起？"这一场病中大训斥，使我直到老年，永远忘不掉。“儿懒惰，母生气，儿劳动，母欢喜。”写在我念母亲的诗里。现节录一首在下边：

梦里的母亲

童年失母，无夜不梦，渐长、渐老、渐稀。昨夜七十四龄的儿子，忽然投到他诀别了六十一年的母亲怀里来了。

（1951 年 12 月 北京）

鲜红的太阳，照耀着高楼的纱窗。
娘呀！您怎么一点没有老？
您还是这样梳妆，这套衣裳，
娘呀！怎么好久不见您了呢？
我爱您，我想您，想得好苦也！
今天面对面地坐在您膝上。
我，永远是您的儿，您，永远是我的娘，
太阳永远是人间的太阳。
* * *
娘呀！我坐您膝上，
您教我识字，教我写字。
我现在会写了。
娘呀！写给您看：
中国翻身了。
中国的老百姓，吃尽了千辛万苦，
终于获得解放。
靠什么呢？
一巨人掌握着的是真理。
千万人献出来的是鲜血。

千万人中间的一个，是您的孙儿，

这一滴血，是您传给他的血。

娘呀！也就是您捐献给国家的血。

……

我母太可怜了。她短短的人生，我回味到当时的一般社会太冷酷了，也有小部分温暖，只是限于所私。除掉这小部分，简直是极度冷酷。——读者们记着，让我以后陆续举出惊人的事实来证明。

我幼时母亲教我识字、写字，是事实。我想我母如果多活几年，儿子大一些了，看到帝国主义者们这样凶狠地勾结侵略我们中国，一定鼓励儿子献身报国。我母亲还比我父亲先死四年，我父亲是在甲午战祸爆发以前死去的。

选自黄炎培著《八十年来——黄炎培自述》，上海：文汇出版社，2000.04。

马君武（*1881—1940*）

生于广西桂林，中国近代留德学生获得德国工学博士第一人、政治活动家、教育家、诗人和翻译家。广西大学的创建人和首任校长。1905 年参与组建同盟会，是同盟会章程八位起草人之一，《民报》的主要撰稿人。1911 年辛亥革命成功后，参与起草《中华民国临时约法》及《临时政府组织大纲》。

一个苦学生的自述

◆ 马君武

我的家世——曾祖的苦学

前清嘉庆末年，湖北蒲圻县有一个做豆腐卖的夫妇二人，只生下一个儿子。他们虽然境遇很苦，却很愿意这儿子读书。这儿子也能体贴他父母的心事，读书分外用功。

他所从学的是一个姓吴的先生（我祖母告我此事，也忘记了这吴先生的名字），是蒲圻县很有名的一个教书先生。见这做豆腐人的儿子读书进步很快，甚是诧异。午饭放学的时候，他常常出去，不一会儿，就回到书馆里。

吴先生问:“你吃过午饭么?”他答应:“吃过了。”吴先生终不相信他吃午饭这样快，侦察之后，方知这学生并未回家吃饭，不过将几文小钱买些便宜糕饼，吃了之后，却赶紧又到书馆读书。吴先生很看得起这个学生，此后每天就留他在馆里吃饭。这学生后来考试中了道光 ×× 科进士，由主事留京任福建道监察御史，这个做豆腐卖的是我的高祖云台公。这个没有吃饭而苦读的是我曾祖郁斋公(名丽文)。

蒲圻县一带，至今许多人都知道这一位苦读成名且曾做好官的马丽文先生。前几年我和朋友杨时杰君谈起我的家世，他说:“我们沔阳地方，民间至今尚传唱马青天道情，就是纪念马丽文先生的。”可惜我当时未曾问得这道情的词句。

……

我幼时见一部沂人笔记(仿佛是《金壶偶谈》，但记不清楚了)，说我曾祖有一天与同僚会集，有人举我曾祖的名“马丽文”求对。在座的有一位“蔡振武”。一人说:“蔡太守的名就对得很工整。”他一人说:“丽文对振武固不错，可惜蔡字对不上马字。”那位先生说:“你不记得论语上臧文仲居蔡之朱注么?”坐客大笑，从此那位姓蔡的太守，便得一个“蔡大龟”的绰号。我祖母常对我们说:“你们切记不要忘记了你们曾祖的勤苦。家里虽然穷得常常没有饭吃，也会读书出名。”这是我们儿童时所受的深刻教训。

四十余年前桂林的物价和生活状态——慈父严母

……

我自从在平南县与父亲同在一处之后，与父亲见面的时候，都在他年假回桂林的十几天。我父亲是非常慈善的人，对吴太夫人非常孝顺。吴太夫人酒后脾性不好但虽甚怒之时，得父亲一言即解。吴太夫人最宝贝长孙，父亲却四个儿女都是他的宝贝。祖父去世时，父亲才十六七岁，已经写得一笔好颜字。仪表都雅。外舅祖(母亲的舅父)陈允庵先生最爱他。与东家相处，个个投契。所以父亲自就幕以来，未曾闲过。父亲就馆的地方，或是荔浦，或是恭城，都距桂林很近。年假回家的时候，我和妹妹弟弟都围绕着他，他好不喜欢。他年假所带给我们的东西，不是荔浦芋头，就是恭城柚子和恭城柿饼，这都是我们小孩子最爱吃的东西。

我一直到九岁未曾受过父亲骂过一句，且并未见过父亲有一次发气骂人。由父亲所听都是和蔼的话和鼓励我们读书成才的话。母亲则大不相同。她说："铁不打不成好钢，孩子不打不成好人。"她教我们读书的时候，手中所拿的是一根粗重的大棍。或者我十七岁的时候，所受的一次痛打，是最后一次罢。唉！现在父亲过去四十二年了，母亲过去一年多了。母亲过去前一个月，到杨行去看我的病，偶然说到小时候挨打的事。母亲说："你不挨打，焉有今日？"我今日有什么半点成就？真辜负我的慈父严母啊！

家庭的崩溃——一碟臭咸菜的生活

……

我父亲是光绪十六年五月九日在马平县过去（指去世——编者注）的。

……

一个月五六块钱，一家老小六七口人如何过得去。舅父诸嵩先生有一座祖遗房子，他就馆在外，叫我母亲去住他的一分。我祖母是一个素来骄傲的人，自然不愿跟媳妇去住她外家的房子。于是祖母和母亲分居两处。一弟一妹跟随母亲，我是自幼跟惯祖母的，仍然同祖母住一处。

祖母和母亲都是读过书的人，祖母对于中国历史最熟悉。我从小跟祖母睡。她床头堆积的是《聊斋志异》《水浒传》《三国志演义》几部小说，看了又看。我这时才十岁，也跟住学看过这几本书。我和祖母住在大白果巷伍家。伍家老太太是祖母的义姐，有几个孙子请一个先生教书。我也跟住他们读书，这位先生就是赵健卿先生，现今在广西大学做秘书。教过我小学读书的先生，现在只有赵健卿先生一个人了。

祖母住在伍家的时候，道铨哥在桂林下关做事。每个月送点钱来，不久祖母为李九叔请到车井巷去住，在他的间壁住了一个房，我就从李九叔读书。

但是祖母的光景实在为难，依了母亲的请求，把我交与母亲教养。我离开祖母的时候是十一岁。

桂林的物价当时虽然很低，但是五块钱一个月，如何能维持大小五个人的生活？于是母亲除了照顾两个儿子两个女儿之外，要向裁缝店领衣服来缝衣边，又向爆竹店领爆竹来插引线。我和大妹年纪稍长，每天有许多时候帮母亲缝衣边，插爆竹引线。母子五人吃一碟臭咸菜送饭，午后吃剩下的，晚饭再吃。弟妹识字是母亲教的，把我送往通泉巷廖先生处读书，每天所读的书，晚上要背给母亲听。那时我十二岁，读的是《书经》和《唐诗》。母亲在一个油灯下，一面缝衣服，一面监督我读书。旁边放有一条很粗的竹板子，背错了一个字，头上至少挨一板。我记得挨打最多的，是背《书经》中的《盘庚》和《唐诗》中的李白《蜀道难》罢。

堕落与悔改

二妹当父亲过去的时候不过一岁，这时有四岁了。为营养不良的缘故，得所谓“癞”病渐渐的瘦得不像样子。母亲那里有钱去请医生，由这个亲戚和那个朋友得些方子去医她，医了两个多月不见效死去了。

我一直到十二岁尚未见过母舅诸嵩生先生的面，他在陆川就馆很久，这一年才回桂林。母亲只兄妹二人。他看见母亲这样光景，自然有许多话安慰她。同时想减轻些母亲的担负，就和母亲商量带我到阳朔读书。又带了跟随我父亲很久的仆人阳贵去，就叫他照顾我。

舅父说我的字写得好，所有一切批词和公文都叫我抄写。除了经书之外教我看《雍正上谕》《东华录》《大清律例》等书。又教我抄写许多“例案”。我此时对于这些书可谓毫无趣味。我和阳贵住在后房，前房就是舅父的公事房。舅父到公事房是有一定时间的，只混到舅父离开公事房之后，我便开始我这时期的山上活动。

阳贵是年纪已老的人，我又未得有志向相同的朋友，所以我的活动，是单独的。阳朔是山水很好的地方，我每天等到舅父离开公事房之后，就一个人去跑山。阳朔城内外的山，没有跑不到的。看见奇异的植物，就采集回来。阳朔产的李子最佳，有紫色的，有黄色的。遇到李园，就随便吃李子，还带许多回家。好在那些园主人都知道我是诸师爷的外甥，遇见了不但不干涉，还和我说些客气话。有一天看见人家园里有许多很大的果子成熟，我很奇怪，何以没有人去摘来吃呢？摘了一个，开口便嚼，那知又苦又涩，说不出的怪味。那主人却笑嘻嘻的向我说："这是油果，吃不得的。"

阳朔山下随处都是蟋蟀。我每等到天黑的时候，便去捕蟋蟀。捕了许多，使它们相斗，非常得意。有一天已经天黑了，看见一个很大的蟋蟀，用手急罩过去。一看见一个蝎子，吓得赶快掷去，幸而没有螫伤手呢。

阳朔的柚子是圆而苦的。舅父家眷住的屋后有一株柚子，却是沙田柚种，但是他们不知道。我发现之后，也等不到十分成熟，一个一个摘来吃。舅父对此颇为担心，以为吃酸柚会生病，屡次责备。后来写与我母亲的信中，这偷吃酸柚，也是我几大罪状之一。

阳朔附近的山我没有不上去的。倦了就坐在山上或城边看漓江的河水下流，或仰看碧天上的行云浮动，欣赏那自然的美，幽然意远，自寻得出一种乐趣。

十二三岁的人是喜欢结交朋友的。这时与我年龄相当的就是县衙里一般年幼仆人，我自然容易和他们玩在一处。到了晚上，我的自然界活动不能不停止了。如是就与这些年幼仆人同化，跟着他们一路去打天九或斗纸牌。

舅父已知道我的山上活动，斗蟋蟀、吃桐柚果，已经很不愿意。况且又知道我去和一般年幼的听差打牌赌钱，于是忍不住勃然大怒，认为不可教诲，着阳贵伴我由阳朔送回桂林。同时有封长信给我母亲，列举我在阳朔的种种劣迹，要母亲严加管束。

这一次所挨的打，恐怕是这一世最利害的罢。遍体都是伤痕，几天睡在床上不能行动。大妹和二弟年纪虽轻，都来说些话来安慰我。大妹说："哥哥学好罢，这样使母亲呕气，成什么话？"我听了这些话益加流泪，此时便下一个很坚定的决心，就是"拼命读书"和"立志做人"。

十二表舅陈智捷（允庵先生的第四个儿子），有一天向母亲说，他的亲戚张善庭家延有伍连城先生教书，西门街离五美塘不远，我可以去搭馆。我十三岁至十四岁从伍连城先生读书，于是年完篇（就是能做整篇的八股），把父亲遗下来的书，通通读完。每天上学和下学的时候，我并不虚费，手中拿着袁了凡《纲鉴》《圣武记》或其它的书，一边去街，一边读书。

选自马君武著、文明国编《马君武自述》，合肥：安徽文艺出版社，2013.05。

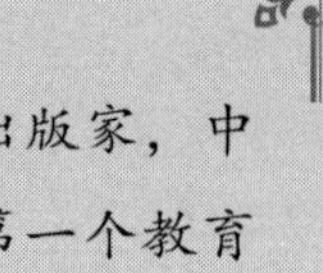

陆费逵（*1886—1941*）

原籍浙江桐乡，生于陕西汉中。近代著名教育家、出版家，中华书局创办人。创刊并主持笔政的《教育杂志》是中国第一个教育专业刊物。著有《教育文存》、《青年修养杂读》和《妇女问题杂谈》等。

内庭趋侍记

◆ 陆费逵

我少时所受母亲的教训，不知有多少恒河沙数，现在所记得的，寥寥无几。我打算费点功夫，把他写出来。一则可以表示我母亲之圣善，一则可以作家庭教育学校教育的模范。不过小子不文，记忆力又不佳，仍不能表示我母教养勤劳的千万分之一。这也是无可如何的了。

我生在陕西汉中府，孩提之时，我母如何教我养我，我现在却一点不知道，一点不记得。料想无论何人，也都是这样的。后来听我母亲说，又看见我母亲教养我弟妹的情形，知道我母亲对于小儿，最注重的事，第一是不许多吃，吃奶有一定的时候，乳母奶如太多，宁可令其挤去；第二是不许多着，就是我们后来大了，无论怎样冷，不许着皮衣。所以我到现在仍不欢喜皮衣。

二十岁上下的时候，总是棉袍过冬；第三是教学有规则的话，口齿不清，必要更正，下流言语，不准学说；第四是注重清洁，手而有污，必令洗净，衣服有污，必令掉换；第五是不许养尊处优，既能行步，不准背抱，倒茶倒水，不准叫人；第六是不许取他人之物，就是我和二弟玩耍的东西，都是各人分开，不得本人许可，不能私取；第七是注重兄弟和睦，二弟小我一岁，从小同食同游，如有一人在他室，遇有食物，必叫来吃，遇有玩物，必叫来看。如有几样物件，即由母亲替分。如一件大，一件小，大的必归我，小的给二弟；第八是注重空气日光，冬天也必开窗，每日必令在院中玩耍多时。

我小时性质不好，顶是淘气。这八样事，我有好几样常犯的。母亲为此生了许多回气。说了不听，再三地说。再不听，就要打了。打了一次，我有七八天听母亲的话。慢慢地又不大听了。所以我半个月左右，必被打一回。到了十岁以后，方才懂事，一说就明白，母亲也不打我了。我现在将我五六岁到八九岁，受母亲教训的事，先说几件，给大家听听。

我小时食量极好，也最好吃。有一年除夕祭祖之后，母亲往厨房照料，告我们道，我恐怕上来得迟，你们可先吃。厨中的菜，一样一样地盛来。等母亲入座，已来过五碗，被我与二弟吃去大半。又吃了些水果。母亲看见，就说道，过年做菜，本是给你们吃的，但是这样狼吞虎咽，恐怕年初一要泻肚啊。我等再要吃，母亲不许，令去玩耍。未到天明，两人都泻起来了。以后遇年节祭祀，母亲必先说笑话道，小心半夜泻肚啊。

我小时略有一点陕西土音，把书字念亲如夫字。我母亲再三为我正音，到准确而后已。又一日，听街上儿童骂人，我学说了两句，母亲止我勿说，并且训我道，这是下流人骂人的话，好好的小孩子，是不当说的。明日我又学着说，母亲又教训我，如是者好几天。母亲道，你是不打不记得的。打了十几下，我母亲却自己在那里流泪。我问母亲道，娘打了我，应该我哭，怎么我不哭了，娘反在那里哭呢？我母亲说道，你才五六岁，就会学着骂人，教训了几天，都像耳旁风一点不肯听，像这样子，长大之后，是个什么样的人呢。不要和某某某某一样吗？我听了大惊，心中却是稀奇，怎么学骂人就会坏到这种样子？但不敢问母亲，却被母亲的恩威所感，很恳切地说道，娘啊，我以后再不说了。

我小的时候，着衣裳很不小心，又污又费。七岁的那年正月，因为要到亲友家拜年，母亲为我做了新袍子马褂，第一天就被我弄污秽了。母亲为我做了双缎鞋，没到正月初五，鞋头就穿通了。母亲恳切地说了一回，以后替我做鞋，总做云头的。多一层，可稍须多磨几天，但也不过一两月就破了。

我断乳之后，仍旧是乳母带着。我常要乳母背，我乳母很欢喜我，也愿背我。但在家中，怕父亲母亲说，总不敢要乳母背。一出大门，乳母就蹲下，我就拥着他的颈项，背起来了。有一天，母亲问我道，在父母面前不敢做的事，离开父母应该做么？我答道，不应该。母亲又说道，你有没有这样的事。我不敢答应，心中在那里跳，知道要乳母背的事情，被母亲知道了。停了些时候，母亲又说道，你想不起么？我告诉你，你一出门，就要乳母背。你想想看，你这么大了，你乳母背着，不吃力吗？况且我与你父亲，都说过不许再要人背，你不听，已不应该。却反会瞒着父母，去要乳母背。你想想看，应该不应该？母亲说到这里，我哭起来了，母亲一定要我答应，我没法，只好说道，不应该，以后不了。母亲方才欢喜，替我揩眼泪。我见母亲颜色和悦，我也不哭了。

我母亲看见我们做无害的游戏，不但不阻挡。反帮我们玩耍，教我们方法。我五岁时，见蜡烛铺制蜡烛，回家就要自己制造。母亲、乳母替我取祭祖宗的烛泪，点灯的灯草，给我做材料。我做了半天，灯草扎得太松，就散开了。母亲、乳母又恳切教我，造成的蜡烛，比市上卖的，虽差得多，但也可以点了夜游呢。

我八岁时，见姑丈弟兄着象棋，回到家里就和二弟画了一个棋盘，把纸糊在钱上，写将、士、相、车、马、炮、兵、卒等字，居然成功了。不过炮的地位，画在相的一行，卒下一格。那时已知道炮打番山，第一着就把对家的兵打了。又误以为马走田字，于是走得乱七八糟。被母亲看见了，母亲一面笑，一面叫我们照旧着，着了半天。母亲笑不可仰，说道，总算亏你们的，不过弄错了，我来教你们罢。重画棋盘，讲明种种规则。有时我们弟兄二人着，有时和母亲着。初和母亲着时，母亲让去两马一车一炮，慢慢的少让一子。到了十一二岁，母亲只让一车。不过现在风木兴悲，要侍母亲着棋也不可得了。

民国八年（《教育文存》卷五）

选自陆费逵著、文明国编《陆费逵自述》，合肥：安徽文艺出版社，2013.05。

蒋梦麟（*1886—1964*）

原名梦熊，字兆贤，号孟邻，浙江余姚人，近现代著名的教育家。1912年于加州大学毕业，随后赴纽约哥伦比亚大学研究院，师从杜威，并获得哲学及教育学博士学位。曾任国民政府第一任教育部长、行政院秘书长，也是北京大学历史上任职时间最长的校长。主要著作包括自传体作品《西潮》《新潮》《谈学问》《中国教育原则之研究》等。

家庭影响

◆ 蒋梦麟

童年时代和青春时代的可塑性最大，因而家庭影响往往有决定性的作用。这时期中所养成的习惯，不论好坏，将来都很难根除。大致说来，我所受的家庭影响是良好而且健全的。

我的父亲是位小地主，而且是上海当地几家钱庄的股东。祖父留给父亲的遗产相当可观，同时父亲生活俭朴，因此一家人一向用不着为银钱操心。父亲为人忠厚而慷慨，蒋村的人非常敬重他，同时也受到邻村人士的普遍崇敬。他自奉俭约，对公益事业却很慷慨，常常大量捐款给慈善机构。

他从来没有说过一句存心骗人的话，因此与他交往的人全都信任他的话。他相信风水和算命。同时又相信行善积德可以感召神明，使行善者添福增寿，因此前生注定的命运也可以因善行而改变。我父亲的道德人品对我的影响的确很大，我唯一的遗憾是没有好好学到父亲的榜样。

我的母亲是位很有教养而且姿容美丽的女人。我童年时对她的印象已经有点模糊了。我记得她能够弹七弦古琴，而且能够抚琴幽歌。她最喜欢唱的一支歌，叫做《古琴引》，词为：音音音，尔负心。真负心，辜负我，到如今。记得当年低低唱，千千斟，一曲值千金。如今放我枯墙阴，秋风芳草白云深，断桥流水过故人。凄凄切切，冷冷清清，炲炲切切，冷冷清清。

有人说：像我母亲那样青春美貌的妇人唱这样悲切的歌，是不吉利的。

母亲弹琴的书斋，屋后长着一棵几丈高的大樟树。离樟树不远的地方种着一排竹子，这排竹了也就成为我家的篱笆。竹丛的外面围绕着一条小河。大樟树的树荫下长着一棵紫荆花和一棵香团树，但是这两棵树只能在大樟树扶疏的枝叶之间争取些微的阳光。母亲坐在客厅里，可以谛听小鸟的啭唱，也可以听到鱼儿戏水的声音。太阳下山时，平射过来的阳光穿过竹丛把竹影投映在窗帘上，随风飘动。书斋的墙上满是名家书画。她的嵌着白玉的古琴则安放在长长的红木琴几上，琴几的四足则雕着凤凰。

她去世以后，客厅的布置一直保留了好几年没有动。她的一张画高悬在墙的中央。但是母亲已经不在了！她用过的古琴用一块软缎盖着，仍旧放在红木琴几上。我有时不禁要想像自己就是那个饮泣孤塚幽幽低诉的古琴。

我母亲去世还很年轻。我看到母亲穿着华丽的绣花裙袄躺在棺里，裙袄外面罩一个长长的红绸披风，一直盖到足踝，披风上缀着大红的头兜，只有她的脸露在外面，一颗很大的珍珠衬着红头兜在她额头发出闪闪的亮光。

我的继母是位治家很能干的主妇，待人也很和气，但不久也去世了，此后父亲也就不再续弦了。

我的祖父当过上海某银庄的经理。太平天国时（1851—1864），祖父在上海旧城设了一个小钱摊，后来钱摊发展为小钱庄，进而成为头等钱庄。这种钱庄是无限责任的机构，做些信用贷款的生意。墨西哥鹰洋传到中国成为银两的辅币以后，洋钱渐渐受到国人的欢迎。后来流通渐广，假币也跟着比例增加，但是钱庄里的人只要在指尖上轻轻地把两块银元敲敲，他们就能够辨别哪个是真，哪个是假，我祖父的本领更使一般钱庄老板佩服，他一眼就能看出哪个是真的，哪个是假。

不幸他在盛年时伤了一条腿，后来严重到必须切去，祖父也就因为血液中毒辞世。父亲当时还只有 12 岁左右，祖父给他留下了 7000 两银子，在当时说起来，这已经是一笔相当大的遗产了。父亲成了无告的孤儿，就归他未来的丈人照顾。由于投资得当，调度谨慎，这笔财产逐渐增加，30 年之后，已经合到 7 万两银子。

从上面这一点家庭历史里，读者不难想像我的家庭一定在早年就已受到西方影响了。

父亲很有点发明的头脑。他喜欢自己设计，或者画出图样来，然后指示木匠、铁匠、铜匠、农夫或篾匠，按照尺寸照样打造。他自己设计过造房子，也实验过养蚕、植桑、造楼（照着西方一种过时了的式样），而且按着他的想象制造过许多的东西。最后他想出一个打造“轮船”的聪明办法，但是他的“轮船”却是不利用蒸汽的。父亲为了视察业务，常常需要到上海去。他先坐桨划的木船到宁波，然后从宁波乘轮船到上海。他常说：“坐木船从蒋村到宁波要花三天两夜，但是坐轮船从宁波到上海，路虽然远十倍，一夜之间就到了。”因此他就画了一个蓝图，预备建造一艘具体而微的轮船。

木匠和造船匠都被找来了。木匠奉命制造水轮，造船匠则按照我父亲的计划造船，隔了一个月，船已经造得差不多。小“轮船”下水的那一天。许多人跑来参观，大家看了这艘新奇的“轮船”都赞不绝口。“轮船”停靠在我家附近的小河里，父亲雇了两位彪形大汉分执木柄的两端来推动水轮。“轮船”慢慢开始在水中移动时，岸上围观的人不禁欢呼起来。不久这只船的速度也逐渐增加。但是到了速度差不多和桨划的船相等时，水手们再怎样出力，船的速度也不增加了。乘客们指手画脚，巴不得能使船驶得快一点，有几位甚至亲自动手帮着转水轮。但是这只船似乎很顽固，始终保持原来的速度不增加。

父亲把水轮修改了好几次，希望使速度增加。但是一切努力终归白费。更糟的是船行相当距离以后，水草慢慢缠到水轮上，而且愈积愈多，最后甚至连转都转不动了。父亲叹口气说："唉！究竟还是造轮船的洋人有办法。"

那条"轮船"最后改为普通桨划的船。但是船身太重，划也划不动。几年之后，我们发现那条船已经弃置在岸上朽烂腐败，船底长了厚厚的一层青苔。固然这次尝试是失败了，父亲都一直想再来试一下，后来有人告诉他瓦特和蒸汽机的故事，他才放弃了造船的雄心。他发现除了轮船的外表之外，还有更深奥的原理存在。从这时候起，他就一心一意要让他的儿子受现代教育，希望他们将来能有一天学会洋人制造神奇东西的"秘诀"。

这个造轮船的故事也正是中国如何开始向西化的途程探索前进的实例。不过，在人伦道德上父亲却一直不大赞成外国人的办法。固然也认为"外国人倒也同我们中国人一样地忠实、讲理、勤劳"。但是除此之外，他并不觉得外国人有什么可取的地方。话虽如此，他却也不反对他的孩子们学习外国人的生活方式和习惯。

选自蒋梦麟著《西潮与新潮——蒋梦麟回忆录》，上海：东方出版社，2006.01。

晏阳初（1890—1990）

四川巴中人，杰出的平民教育家和乡村建设家，被誉为“世界平民教育运动之父”。著有《平民教育的真义》《农村运动的使命》等。

早期经验与影响

◆ 晏阳初

第一章　火种的故事

“知我者谓我心忧，不知我者谓我何求？”行年九十，即使有忧，还不是徒添白发；纵然有求，怕也是天鹅之歌，然而，我一生耗在忧求之间，于今还能改吗？唉！剩得瘦骨一把。所幸我心仍在跳跃，因为那儿有一粒火种。不论早春暮冬，不论风雨晴晦，它总是不息地燃着，与我共存。火种法力无边，赖它依稀可辨通往过去的幽静，令我低回；也隐约可见引向未来的道途，令我亢奋。过去、现在、将来，都在火种里结而为一。

这火种来自何处？来自远古，来自近世。因此，话得从头说起。

我的乡井在四川巴中县。那儿，有我多少脚印，踏在山之巅、水之涯。

那儿，埋葬着父母亲的慈骨，也珍藏着幼年温馨的记忆。尽管我是四海为家，有时午夜梦回，难免乡思万缕。书声、弦歌，以至樟茶鸭、豆豉鱼，都是可怀念的。尽管这30多年来，我常用的是英语，偶用母语，乡音未改。记忆中的故乡，随着我环绕天涯。我一向以为，生于西历1893年10月26日，可是，近年家乡人来信，说我九十有三了，也就是生于1890年。

晏族子弟取名，照族谱排行，是："名正言顺，事成礼乐兴，声宏室大，世代文章盛。"远祖晏顺宝、晏事叩、晏成才、晏礼忠。父亲讳乐全，字美堂，承继先人之业，是塾师，兼谙中医药，能看病开方，乡人敬重他的仁心仁术，按照传统，谓之为儒医。

母亲娘家姓吴，经济情况似乎比晏家稍强。在许多方面，母亲是个传统的女性，不识字、小脚，持家勤俭，教子严明。她是位真正的严母。有一件小事，我永远不会忘记。一年重阳节，大哥和他的朋友去登高，意气风发之余，饮酒以助吟唱，大哥竟喝醉了，归途中，遇到一位晏族的晚辈，不知怎的，两人话不相投，大哥把这位晚辈骂了一通。旁人把这事告诉了母亲。大哥一到家，母亲立刻集合全家大小，训责大哥一不该喝醉，二不该酒后失态，给晏家丢脸。大哥低垂着头，不敢申辩。他那时大概已30出头，有妻有子，而且是巴中县游击（武官）的掌稿（文书），在乡中算是有头有面的。可是母亲仍然拿出鞭子，命大哥伏在一条板凳上，气颤颤地说："我今天要是不打你，是我对不起晏家。小辈要是都学着喝醉，还了得！"刷！刷！刷！他不敢吭一声。我们默默无言，只能暗中替他难过。这件事常使我联想到中国母亲在家中的威严。我一生与烟酒无缘，也许和这件事，多少有点关系。

……

据家人说，我的外形象母。她白净清秀，颇有威仪。但在神态和性情上，我秉承父亲的成份居多。我怎样也记不起他发怒的样子。在我的脑海中，他是个典型的读书人，谈吐斯文，待人和气。最难忘的是他的笑容，温善可亲，好似春天的阳光。"春风风人"一语，用在他身上，非常恰当。从他，我想到身教的重要。

父亲是我的启蒙老师。四五岁的时候，我开始到塾馆上学。那时的小孩真是心无二用。天不亮起床，草草洗脸、吃饭，就跑到学堂，一直读到中午。回家吃中饭。再回学校，读到晚饭时间。饭后在暗淡的菜油灯下，温习一天的功课。除了年节，没有假期，也没有周末。

读的是传统的教科书:《三字经》《百家姓》《千字文》《千家诗》《论语》《孟子》《大学》《中庸》《书经》《诗经》。

虽然读的书，半懂非懂，但我不以为苦，从不逃学。老天给我的记忆力颇强，读一二遍就能背。后来因为工作，简直没有时间再读古书，但有些句子，我至今能背。我觉得背诵、朗诵是很好的教育方法。我小时爱朗诵，跟同班一起摇头摆脑地朗诵，兴味无穷。从母亲我秉承了一副洪亮清晰的嗓子，老师们爱听我朗诵，对我是一种鼓励。我后来喜欢唱歌、唱圣诗，能够讲演，大概和我幼年的朗诵，不无关系。我也喜欢听别人朗诵、唱歌。声音的变化，在空中的激荡摇曳，对我具有莫大的魅力。

我读的古书，虽然有限，但它们都悄悄地在我幼小的心田中，埋下一粒微妙的火种，要经过一二十年，我才发现它的存在和意义。那是什么呢？就是儒家的民本思想和天下一家的观念。平民教育运动、乡村建设运动，不论在中国，或是在海外，都是民本思想的实践，而以天下一家为最高宗旨。

幼年的教育，也深深地影响了我的人生观。天天向“天地君亲师”的牌位磕头，日日夜夜对着这牌位，口诵修身、齐家、治国、平天下的誓言，尽管那套大道理，不甚了了，脑袋里还是装满了它。我很早就有“忧以天下，乐以天下”的壮怀，似乎以此为当然。个人、家、国、天下，既是一脉相连，读书人的理想，大则为民从政，小则显亲扬名。实际上两者是一回事，也就是功名致仕，其极致是为一国之相。科举未废除前，我也做过这样的梦。现在回想觉得有点可笑，但也可见我自幼心高好强，具有治国平天下的豪志。平民教育、乡村改造，都是放眼世界的运动，和我小时的理想，可说是殊途同归。

父母亲对我的寄望，也是我一生中重要的一股动力。祖上数代书香，却没有功名，家境十分清寒，既无田产，连住的房子都是租的。父母看我这么儿有志向上，慰喜之情，自是不免。为鼓励我，父亲赐我字“阳初”，意思是旭日之初。后来，我以字行，很少人知道我的原名——兴复。小名云霖，是只在家中用的。

父母望我成器，钟爱我，但不溺爱，母亲尤不姑息。因此，我不得不努力作个小大人。那样子，回想起来，怪滑稽的。头上挂着六条小辫子，是姐姐们代梳的。身上终年穿一身土布长衫，洗得干干净净。脚上是布鞋布袜。母亲随时在旁边提醒：站有站相，坐有坐相，走有走相，吃有吃相。既不准我们跑，也不准我们跳。有一次，我和几个小朋友在街上走着，忽然间下起雨来了。我们就顶着雨，照旧斯斯文文地走回去。

我小时，没有什么娱乐可言。只记得偶尔骑着竹竿当马，也就是竹马，在河边溜达溜达。我二哥会拳术，我跟他学了几手，却不料因此引出一件事来。

一天，放学回家，途经一庙，锣鼓正喧，在演戏谢神啦。这热闹，小大人拒绝不了。我正看得如痴如醉，忽然背后被人重重一推，几乎栽了下去。我往后一看，推我的原来是一位同学，正在咧着嘴为这恶作剧得意呢！不知怎的，我怒从中来，一巴掌打到他脸上，立刻显出五条指印。我万没想到练拳后的手会如此厉害。我呆了，小孩哇哇大哭。我料想，他必定会去找我家告状，我因此不敢回家，懊悔万分。东荡西荡，直到夜深，猜想家人都已入睡，我一溜烟钻进房中，蒙着被，希望就此了事。母亲提着灯来了，揭开被子，用鞭子痛打我的屁股。咬着牙，我不敢哭。

母亲呀！您打得对。您知道吗？这件事常常告诫我：忍耐！忍耐！忍耐！知我者多认为我的自制力甚强。知我浅者，说我是天生的好脾气。是乎？非乎？我自己知道，若不是忍耐，我没法活到今天。若不是忍耐，我早不愿为我的运动去募款求人，看人脸色。若不是忍耐，我早不愿住在穷乡僻壤，让虫子咬，蚊子叮。也有想发脾气的时候，但只要想到您的鞭子，我就会心中默念“小不忍则乱大谋”。所谓大谋，就是父亲耳提面训的古圣哲理，就是那照亮我人生旅程的火种。

朦胧初见劳工疾苦

1920年左右，姚牧师在保宁府开办了一个西学堂。巴中福音堂的传教士，劝父亲送我去这学堂读书。因为与传教士往来，父亲体会到古书之外另有世界，西学是潮流所趋。他具有这识见，比巴中县人要早好几年。母亲也很开明，不但没有阻拦我去保宁，没有流泪，还鼓励我说："男儿志在四方。你出去好好读书，见见世面，将来出人头地，也替家乡和晏家争光。"母亲的理智胜过感情，从不要求我承欢膝下，总是激励我向外发展。我一生以事业为重，其来有自。有时自问：如果父母都是因循守旧，我现在会在哪里呢？

选自詹一之编《晏阳初文集》，成都：四川教育出版社，1990.03。

陈鹤琴（*1892—1982*）

浙江上虞县人，著名儿童教育家、儿童心理学家。早年毕业于清华学校（后改为国立清华大学），留学美国五年，1919年获得哥伦比亚大学硕士学位。一生主要从事于一系列开创性的幼儿教育研究与实践，有《家庭教育》等著作。

我的童年

◆ 陈鹤琴

二、苦中生长

父亲是很严的。他睡在楼下书房里。我进出总是走后门的，他吃饭总是一个人吃的。我们小孩子另外在厨房里一起吃。父亲死时，我已六岁了。在这六年之中，我没有同他吃过一次饭，看见他的脸孔也不过十次罢。他好像一个老虎，我们都不敢同他亲近的。我们在厨房里，也一点不敢作声。若是兄弟间稍会有点冲突，只要母亲说声“我要喊了！”我们立刻鸟雀无声了，所以我们兄弟从来很少有口角的。“打架”那是绝无仅有了。

我四五岁时，我们的家境已相当的困难了。祖母已去世有六七年头。父亲一向是舒服惯的，不会做生意，所以祖传的一爿杂货店就开始亏本起来了。

那时候，母亲格外做人家了。我们几兄弟吃得真苦呢！五六个钱的一个蛋，打一打，饭锅子里蒸一蒸，拿出来划成四瓜。我们四兄弟（大哥已在外学生意）一人一瓜。有时候换换口味，买根油条儿吃吃，油条二个小钱一根，我们每人只可半根，在豆腐汁里浸一浸，过一餐饭。有时候母亲看我们吃得太苦了，蒸碗火腿皮儿给我们吃吃。火腿皮儿多么硬，多么韧，牙齿都嚼得又酸又痛。还有火腿皮儿是很腻很涩的，吃了，口里要三日难过！小孩子，你们不要笑我们呢，我们倒吃得很有滋味，一点儿没有你抢我夺，你多我少的事情发生。夏天日长，到了下午四点钟，肚子饿了，就冷饭头一碗开水冲冲，萝卜干过过，吃得很高兴。什么蛋糕，炒面，馒头，饼干，连梦也没有做过。

我六岁的时候，父亲死了。家道中落，一年不如一年。大哥尽管在外赌博，店中无人过问，债台高筑，无以应付，只得卖田卖地，把祖宗用血汗换来的一爿店，一点产业，弄得干干净净。母亲是非常忠厚，非常老实。大哥如此荒唐，她也不加痛斥，只耐着心，忍着痛，自劝自慰道："我还有四个儿子，总有几个宝穀（即"谷"——编者注）的。"她的信仰心如此之大。她也常常教训我们说："吃得苦中苦，方为人上人。"二哥小哥听了，心里都受感动。我年龄虽小，也能把母亲的话深深的印在脑中了。

从六岁到十四岁这八年之中，我们实在苦得很。一家八口都是嗷嗷待哺。大哥已经不必说了。小姊尚未出嫁，二哥抱病在床，三哥学业尚未成就。母亲没有法儿，替人家洗洗衣服，赚几个菜钱，也是好的。她就偷偷地叫我们店里的学徒每天把先生们的脏衣服拿到家来洗。

究竟洗衣服可以赚多少钱呢？少极了！袜子一双五文，短衫一件十文，长衫一件二十文。一天可洗三十件，平均十文一件，不过三百文，等于现在一毛钱，但是一毛钱够你吃力了。母亲先在家里把衣服抹了肥皂，（那时还没有洋肥皂，用一种树上的果子来洗的）一把一把搓过。我把衣服用扁担挑到楼下池——离家约二百米远——再把衣服放在石板上用脚踏。踏过之后，母亲再在池水里洗净。有时踏了一次不够，还要踏二次。这样洗清好了，我再把衣服挑回家去。那时候，我还不过七八岁呢！一担二三十斤重的东西，居然也能挑得动了。

小孩子，现在我回想起这种事情，心里觉得快乐，也觉得悲痛。为什么快乐呢？我小小年纪，也能帮助母亲做事了。悲痛呢？母亲今年已八十有四，即使我再要帮助他（即“她”——编者注）做事，而他已不能胜此重任了。你们听见过伯俞泣杖的故事吗？汉朝韩伯俞非常孝顺，倘使犯了过失，他的母亲就用拐杖重重地打他，他一点也不喊痛。有一天，他母亲轻轻地打他，他倒哭起来了。他母亲问他说：“从前我打你，你总不哭，何以今天倒要哭呢？”他说：“从前母亲打儿，打得很重，儿知道母亲很康健。今母亲力衰打儿，儿不觉得打痛了，所以痛哭。”

这个故事我从前在童年时读过的，到今天还记得。所以一想起挑衣的事情，就和伯俞有同样的悲痛呢！

在那时期，我们的衣食，更成问题了。一个长长的冬天，我只穿了一件衬衫，一个棉袄，一条棉裤。一件衬衫从来不换的。因为一换，就要穿脱壳棉袄了。所以衬衫里、棉袄里、棉裤里都生满了雪白胖胖的虱子。衣缝里撒满了像芝麻般的白卵。一到天晴，我在太阳光下，把衣服一件一件的脱下来捉虱子，轧白卵。虱子容易捉，他不会跳，只会慢慢儿爬的。但是白卵确是有点难捉了。白卵都生在衣缝里面，而且黏得很牢的。快要孵出来的白卵，已像芝麻一样大，容易寻找，一般刚刚产生的白卵又硬又小，那就难以取缔了。

说起虱子来，那真是伤心极了。衣服里生虱子，还可以想法子捉他，轧他，把他弄死。头发里生虱子，那就不得了。我小的时候，可说头发里生满了虱子。头发根上黏着无数白卵，头皮上面爬着无数“小兵丁”。每天用篦箕篦，也是没有用，一天到晚，头上身上总觉得痒的。现在回想起来，捉虱子，轧白卵，确是一种很有趣的玩意儿，可惜那时无人指导，不然，我把他好好儿研究一下，也许可以做篇论文，换一个博士学位呢！

这是讲到“衣”，食也更加困难了。有一天，大雪纷飞，母亲说：“被窝里很温暖，穿起来太冷了，还是睡罢，我们又可以省一餐早饭呢。”我们大家又舒舒服服睡眠了。这是我们陈氏在百官立家以来第一次的真挨饿。挨了饿，才知道饿是怎样一回事，使我们以后对于挨饿的人，格外容易表同情，所以偶然挨挨饿，也是与一个人的同情心有很大益处的。

挨饿只有一次，“麻油盐”过饭吃，倒是常吃的。有时候，家里没有钱买菜，那怎么办呢？白饭是不容易下咽的。母亲很会调度，她说：“麻油调盐，是很好吃的。又咸又油，着实过饭！”我们当然吃之如饴了！

这样穿穿吃吃，一家融融穆穆，倒也不觉得十分痛苦。有一年小姊出嫁了，母亲到杭州去玩，一天过了中午，大哥还没有回家。我因为肚里饿了，就要求开饭。大嫂不得已把饭开出来同我一起吃。我看见桌上有碗火腿蒸灰蛋，就伸出筷子去箝了一点。不料大嫂看见了，连忙伸出他的筷子，把我的筷子所箝住的一点火腿蛋儿就拨下碗里，说道：“这是给大店主的！”那时一阵酸痛，从心坎中发出像水一般的周流到全身。我忍着满眶的眼泪，把饭碗里的饭米吃掉，走到楼上，倒在床上，候候地大哭了一场。

在我的整个童年里，我只有三场大哭。第一场是在四五岁的时候。不知什么人骂了我打了我，我觉得打得不对，打得不公，就号啕大哭。第二场是父亲死的时候。那时我还不过六岁呢，听见父亲在书房里绝气了，我就睏在厨房里的长凳上也号啕大哭。第三场大哭就是这次了。这一场的哭泣与上两场的大哭不同。上两次的大哭是暂时的，哭过就完了。那是因一时的气愤或悲伤而哭的。这一次，哭的原因不同，而哭后就终身不忘了。这一次的刺激是我童年中最猛烈的刺激，使我深深地感觉到“人生非奋斗没有出路。”我现在能到这个田地，未始不是靠奋斗之力，也未始不是受当初刺激之赐呢！

选自陈鹤琴著《四十自述·我在六十岁以前·我的半生》，长沙：岳麓书社，1998.08。

舒新城（1893—1960）

湖南溆浦人，著名学者、出版家，一代辞书编纂大师。主编《辞海》，其他著作有《道尔顿制研究集》《近代中国教育史料》《晨曦》等。

幼年生活

◆ 舒新城

现在且说我幼年时代的生活。

我因父母的钟爱，未五周岁便进私塾读书。所以五岁以后的生活情形应归在私塾生活里面。这里所讲的只是五岁以前的事情。

舒姓在溆浦县算第一大族，有一舒二向三张四李之谣（即谓全县人口最多，文风最盛的第一推姓舒的，第二推姓向的……），通常都是聚族而居。独有我家单独世居刘家渡。五服以内的亲房都在离刘家渡上十余里的龙王江及黄茅寨住居。而我的故居又是孤立在溆水之滨，半里以内并无邻居；半里外虽有两个小村落可以守望相助，但因既非同宗，又均有一丈余深的水沟隔着，除非年节请乡酒互相访问外，平常是不大往来的；所以我自幼即少和亲族邻舍接触。虽然遇着年节的社戏也跟家里的长辈去参加，但因我曾祖及祖父均系单传，父亲虽有两兄弟，而我在幼年时仍是我家唯一的孩子，家长们自然特别重视；就是参加地方的群众集会，也是守护维谨而不使我与一般邻孩往来，所以我在幼年时代所过的生活，可以说完全是孤独生活。

我家世业农，且为佃农。在曾祖父及祖父时代都是以佃田力耕为生，故生活也很困苦。到祖父中年因我父亲及叔父长大，能代为耕种，且善于经营副业——我家之周围隙地及园场有柑、橘、桐、李、桃等各种果树，稻田除稻外兼种荞麦，沙田则种甘蔗、棉花及桑树等——家道稍可过去；但除屋场外，仍无半亩田地。只因曾祖在某时曾受人欺侮，立志要送子孙读书，所以父亲在生活万难之中也曾读过几年书，而能记得出账目，写得出书信，在我家历史上要算读书人了。我母生于我家对河徐家湾的徐姓家，无兄弟姊妹，而且当她五岁时，外祖父即逝世，外祖母因生活关系，又中道改嫁，所以我母八岁即过我家为童养媳。她处那样的时代和那样的社会，当然说不上受什么教育。但是我的外祖父天资特高，虽然只在乡间读过数年书，可是他能动笔写东西，并且教过书；只因为人爽直高傲，终于被人排挤以至于死。母亲受了他的遗传，天资很高，而豪爽有打算，对于读书人，特别重视；但因自幼即过孤女生活，故性情极孤僻而执拗。到我家后，常与祖父祖母发生争执，我父亦畏之。所以我家自我母亲成人以后，家事多由其操持，且由之而有薄田数亩。我为长孙，在习惯上应得全家的钟爱，而因我母亲的性情与对于家族的劳绩等种种关系，我在全家中更占了特殊的位置。所以我虽然是贫苦的佃农之子，但幼时在物质生活上所享受的并不弱于中产之家。

我在五岁以前，既少与他家儿童相往还，又无兄弟姊妹作伴，所以在精神生活上是很孤寂的。当时家庭中的长者虽然都很重视我，但他们都有农事上的职务，不能常常和我在一起。与我形影不离的只有母亲，所以母亲是我幼年时代的唯一教育者。

因为母亲自幼便过孤独生活，加以性情上教育上的种种关系，故对于我的期望特切：她希望我将来绝不再步祖先的后尘作胼手胝足的农夫，只馨香顶祝地向各处求神拜佛，祷祝我长大成人时作一个读书种子，得一官半职以显扬我舒家与徐家的祖先。所以小农子弟的种种生活如放牛砍柴等事，均绝对不准我参加；就是衣服行动也绝不准效邻家儿童的，而得保持斯文气派。这在她以为读书人应有读书人的态度，幼时即当养成，绝不可有牧竖村童的粗野举动。可是我生性好天然风景，对于牧童的风趣尤为醉心。每遇母亲监督稍弛的时候，便跟着叔父和长工（长年的工人）跑到田野间去替他们帮忙。对于牛尤有好感：四岁以后，总是背着母亲和牧童商议要他把我放在牛背上骑着，躲到树荫下去唱歌。每到秋季遇着摘棉、摘橘和收甘蔗、采茶子（采山茶树之子以为制油之用）——这些都是我家的农产副业——的时候，无论如何都得设法加入。而对于水与鱼的嗜好尤为特别：我家的后面与左面都为灌溉农田的水沟所围绕，而此水沟的水，又是从上流的溆水引曳而来，所以每遇到河水泛滥时，水沟也跟着高涨而有从河流中冲来的许多小鱼。祖父常在沟口张网取鱼；到秋汛时，父亲们也常携网至河中取鱼。我每遇他们取鱼的时候，总得设法跟去，为之背负鱼篓。如果鱼篓盛满，至于背负不起，用拉纤式的方法把它拖回家中，并且不许他人帮忙。回家之后，又得帮着母亲、祖母，把鱼破好洗好然后才心满意足。为着疲劳过度而睡在鱼盆的旁边，也是常有的事。所以遇着不如意的事而哭泣时，只要有人拿着网喊声捕鱼去，我就自然而然地止着哭。可是因为母亲的限制终于不会泅水，也终于不能捕鱼。不过现在回想当时与祖父父亲们捕鱼的往事，犹使我的童年的天真宛然在目。

我的幼年，因为时代和环境的限制，当然不能受现代式幼稚教育。所有的生活习惯，除了母亲的指示外，都是从“直接参加”得来的。故我幼时所受的教育影响，在人的方面自然以母亲为最大，在物的方面则以我所处的自然环境为最大。

母亲为受时代的限制，当然不知有所谓儿童心理；她对于我，当然也和当时一般人对于他们的子女一样把我看作一个“小大人”，一切的生活规律，当然要以成人的标准为标准。不过她对于我的期望特切，尤其是因为要使我成人后立于“士林”之列，所以对于我的一言一动，都特别注意养成“君子之风”。所以一切村夫粗野骂人的语言，绝对不准上口，一切欺骗的恶习，也绝对不准沾染。同时她常常和我讲家庭困难的经过情形，鼓励我向上，而于“吃不穷，用不穷，不会打算一世穷”的几句话，讲得尤多。在生活上，她确会打算的：我家只有薄田数亩，收入仅足自给，但她于秋收末籴米进来，将自己田里的稻留下，待第二年青黄不接时再粜出去，于冬间再以山芋玉米之类为食。所以仅有的收入，卒可年有积蓄。我因为她管教过严，当时常常以离开她为乐，可是我数十年治事做人的基础，却都是在那时代建立的。

农村的环境大概是很天然而闲静的；但是我的故乡除去这二者以外，还有一种难于言语形容的优美。那门前流水，无昼无夜地冲着顽石，发出悠扬雄伟的歌声，使人听着，自然而然地感着自然的伟大，个人的渺小。不论有什么苦闷，只要用心静听一会，便会心广气爽。而我家四周的果树，种类极多，无论何时都可闻着花香鸟语。春天的桃花，夏天的李花，秋天的梨子，冬天的橘子尤其令人可爱。我幼年的生活除了夜间要睡在室内以外，白昼的光阴，最大部分是消磨在树荫之下、流水之旁。虽然母亲不准我上树，不准我泅水，但花香水声我是可以尽量闻听的。我数十年对于自然美的感受性特强，对于文艺的趣味特厚，那时的自然环境，未始不是一种很大的力量！

这是我四岁半以前的生活情形的简述。

选自舒新城著、文明国编《舒新城自述》，合肥：安徽文艺出版社，2013.06。

科学家卷

茅以升（1896—1989）

江苏镇江人。土木工程学家、桥梁专家、工程教育家，中国科学院院士，美国工程院院士，中央研究院院士。曾主持修建了中国人自己设计并建造的第一座现代化大型桥梁——钱塘江大桥，成为中国铁路桥梁史上的一块里程碑。编写了《中国桥梁史》《中国的古桥和新桥》等。

从小得到的启发

◆ 茅以升

我小时候住在南京，家中人多，而又比较贫穷，吃饭时我们小孩子不能上桌，只好端碗饭，站在地上吃，听大人给什么就吃什么。我小时傻头傻脑，有的大人不喜欢我，不给我好菜吃，甚至和我开玩笑，说我不是茅家人，是从家门口台阶上捡来的一个婴儿长大的。我听了半信半疑。妈妈叫我不要相信，但我还以为妈妈是故意安慰我，于是我就下了个决心，管它姓茅不姓茅，只要我长大能够读书干活就行。但是又想到，如果我真不是茅家的人，我又何必赖在茅家吃饭呢？那时我才六七岁。有一天看见门口站着一个讨饭的，心想，他既能挨家讨饭过活，我何不跟他走呢，于是就和他谈起话来。我家里人看了奇怪，就问我谈什么，我说我想跟他走！大家这才惊慌起来，都认真对我说，那是和我开玩笑的，“千真万确你是茅家人”。我这才放了心。我原来真是茅家人！我至今还记得这个故事，因为它激发了我可以独立的精神。

南京有个风俗，过阴历年时家家玩花灯。我家虽穷，也还有个“走马灯”。那灯里面有一个能转动的小轮子，轮子四周粘上许多彩色的纸人和纸马。轮子底下有蜡烛，蜡烛点着，轮子就会转动起来，纸人纸马的影子射到墙上，就看到转动的人和马了，形成了一种原始的“影戏”。我那时才七八岁，见到这个“影戏”，感到非常有趣，但不知是什么道理。有人对我讲，小轮子里从中心到四周，有许多“叶片”，蜡烛的热气，熏到叶片上，小轮子就会动起来。我再细细地从蜡烛看到叶片，从叶片看到小轮子四周的纸人纸马，叶片受热气一吹，就带动纸人纸马动起来了。我就想，热气如果大点，轮子不是会转得快些吗？于是就在轮子底下，多放一支蜡烛，果然那轮子就加倍快地转动起来了。我高兴极了，因为得到一些新的知识，现在看来就是进了科学的门了，也就是开始“爱科学”了。

南京有一条秦淮河，是个名胜古迹，每年端午节，河上有赛龙船的盛会，河上有几座桥，桥上就挤满了人来看。在我八九岁那年的端午节前一天，有几个同学约我去秦淮河看赛龙船，我高兴极了，再三再四地要求妈妈让我去。哪里知道，就在这天晚上，我突然胃痛起来，非常难受，一夜没有睡好。第二天端午节我就没法去了。到了晚上，一位去玩的同学来到我家，劈头一句话就说：“你幸亏没有去，如去的话，可能掉到河里淹死了。”原来他们挤在一座文德桥上，因为人太多，这桥的栏杆断了还不算，有几块桥面板都坍下了，因而有不少人掉下水去，有一个同学也几乎遇险。我听了大吃一惊，原来桥造得不好，就会出大乱子。那些掉进水里的人呢，如果送了命，应当由造桥的人负责！从此我对造桥就发生了兴趣，它能让千万人过河，当然是好事，但是倘若桥造得不好，引起灾难，那么有桥反而不如无桥了！将来我如造桥，一定不会造得像文德桥！

十一岁那一年，我快小学毕业了，暑假在家，帮着做些家务，不好出去玩耍，偶尔也读书，最爱看小说。也许那时我还长得“眉清目秀”，不像小时那样“傻头傻脑”了。一天，有位客人来拜访我二叔，他那时住在我家中，我见有客人来，就去送上一杯茶，不料这位客人见了我大加赞赏，说我将来一定了不起，可以“荣宗耀祖”，我听了当然得意。不料我二叔接着说：“他还是个孩子，样样都还不行呢！”这本是句客套话，并非本意，不料我却认真起来，心想：“你说我样样都不行，我来‘行’的给你看。”从此我就奋发读书，不但不出去玩，除吃三顿饭，每天关在房里不见人。有时一段书看不完，连饭都不吃。家里人以为我和人生气，但又找不出让我生气的人。就这样，在一个暑假中我看了不少书，不但学校课本看得烂熟，还看了不少那时的所谓“新书”。于是思想上大有变化，从此就把古人的一句话“一寸光阴一寸金”牢记心头，一有空闲就看书，成为终身习惯。

我十二岁进中学，开始学数学、物理、化学及英文，就没有多少时间学中文了。我祖父是位教育家，又是文学家，怕我的中文不进步，特别对“古文”不熟悉，就在我这年暑假住在家中时（那时念书我住学校内）教我读古文。他教的方法也很特别。他用毛笔自己写一篇古文，叫我在旁边看着他写，同时记住他写的文字。他要求我尽快地把他写的这篇古文记牢，能够背诵出来。他想不到，每次当他把一篇文章写完时，我立刻就能把全文背诵出来，虽然不免有小错误。就这样，我背诵了几篇古文，如《北山移文》《滕王阁序》《阿房宫赋》之类。一个附带的收获是经过了这段学习，锻炼了我的记忆力。只要集中注意力，不论是文章、数字或者故事，都不难记得住。后来我把数学里的“圆周率”记住小数点以下一百位，大家都觉得奇怪，其实也不过只是强记的结果。我认为记忆力的好坏，不完全是天生的，主要靠锻炼，一把刀，越磨越快，不磨不用，就会生锈了。

原载《儿童时代》，1979年第2期。

选自茅以升著《彼此的抵达》，天津：百花文艺出版社，2009.01。

高士其（*1905—1988*）

原名高仕錤，祖籍福建福州，生物学家，化学家，科普作家，诗人，教育家。1925年毕业于清华大学，1927年获美国芝加哥大学化学学士学位。1930年又毕业于美国芝加哥大学医学研究院。作品收入《高士其全集》。

四个春秋

◆ 高士其

幼年时代是人的一生中最天真烂漫、纯洁无瑕的时代，因而幼年时代的家庭教育十分重要。

我幼年时代的家庭教育可分几个小题目来写。

扑　满

小时候我有一个玩意儿叫做“扑满”。我把每年所收到的压岁钱、节日赏钱和买糖饼买点心用的零用钱都积蓄起来，塞进这个泥制的圆圆的小扁口里，积少成多。等到我离开苏州前一天把它打破了一看，已有30多块钱了。祖母问我：“你这些钱做什么用？”我说：“除了买书本、纸笔之外，还要买一条毛巾、一双袜子送给我的小伙伴——小和尚。”这是第一次花我自己的积蓄。

积蓄是一种美德。这个泥制的“扑满”，就是我的百宝箱，我的银行储蓄所。积蓄就是节约，我们不但要节约用钱，还要节约用水，用电，不浪费一粒米，这是勤俭持家之本，这是勤俭建国之本。

劳　动

4 岁起我就参加了家务劳动，用扫帚打扫房间，扫去地板上的杂物，用抹布擦净桌椅和茶几上的污垢，用鸡毛掸拂拭壁上和窗前的灰尘，把痰盂里的痰倒在垃圾桶里，用苍蝇拍打苍蝇，用蚊香和扇子赶蚊子，还给我祖母打扇子、捶背，逢年过节还参加包时子（即元宵）。

当时的民俗有烧纸衣和金银箔的习惯，说是为已故的亲人选钱财和衣服，让他们在阴间积福。我小时候也参加了这种迷信活动。当时我虽然很纳闷，但我也心平气和地叠纸衣和金银箔，我小巧的手做得很快，把叠好的东西送到竹筐里去。

在平常的日子里，我也参加搓纸煤（引火用的很细的纸卷儿——作者注）的工作，先把上等的草纸切成一长条一长条的，然后用手把它们卷起来搓成纸煤，这样的纸煤用火一点即燃，最后把它们放在黑漆的纸煤筒里，这样就可以为祖母吸水烟时服务了。

溺　爱

由于祖母的溺爱，我若得不到所要的东西就哭，我有些骄傲与自满，目空一切，以为事事有祖母做主满不在乎，别人的话我可以不听。有时我异想天开要月亮要星星，明知办不到故意吵闹，我的这种坏脾气是要不得的。

礼　仪

见老人长辈要行礼，有问必答。对姐弟妹要友爱，对私塾老师要尊敬，要服从他的教导，听讲时要专心，集中注意力，不要思想开小差。对客人要彬彬有礼，要端茶拿烟。对别人要关心，要助人为乐。不要撒谎，不要拿别人的东西。这些都是我幼年时代所受到的家庭教育。

五　不

不要撒谎；不要拿别人的东西；不要吃零食；不要说空话；不要欺负弱小。

学　习

“行万里路，读万卷书”是古人勉励今人勤奋学习的话。近 4 岁时，我第一次开始读书，第一本书是《三字经》:“人之初，性本善……”，第二本书是《幼学须知》:“云淡风轻正午天……”，第三本书是《千字文》:“宇宙洪荒，天地玄黄……”，还有《百家姓》:“赵钱孙李，周吴郑王……”。祖父要我背得烂熟。

我把一个纸条夹在书里，读 10 遍换一张纸条，一本书读了 1000 遍，就换 100 张纸条，这样，我就把一本书背得烂熟。我常在风声、雨声、雷电交加的晚上大声诵读前人的优美诗文。

有一天晚上，风雨交加，雷声大作，我姐姐度平吓得躲在母亲怀抱里，但我却很镇静。家人只听见雨声中，我的读书声不绝于耳。

我进步很快，当我度过了 4 岁生日的时候，我已读完了《千字文》《三字经》和《幼学须知》。这些书我都读了上千遍，读得烂熟了，自然也就脱口而出了。要读活书，活读书，不要死读书，读死书，要活到老学到老，也要活到老读到老。读书破万卷，秀才不出门，便知天下事。尤其是幼时，要多读，多看，多听，长大后，自然就会写作了，自然就会下笔如有神了。这是读书的规律，也是学习的规律。

这些我都能背得滚瓜烂熟，祖母因此常在亲友面前夸赞我，但是这并不是没有代价的，我的游戏时间都被书本所剥夺了，一天的功课没有做完，就不许去玩。

我在学习紧张的时候，连饭都顾不上吃，从头到尾背诵一遍，一字不漏。家中有客人来，祖父常唤我站在他身旁，背给他们听，引以为荣。祖父也常对我说：“要读活书，不要读死书，不仅要认真读，还要多想一想，多动脑筋，要战胜学习中所碰到的各种困难，奋发图强，自强不息。”祖父的一席话成了我一生中的座右铭。

中国旧式的家庭教育，所谓儒家的教育，就是死读书，读书的根本目的就是为了做官，所以书读得愈早就觉得这孩子愈有希望。

但也应该承认，我自幼爱好读书，养成朗诵的习惯，这对我以后的成长的确是大有裨益的。

选自高士其著《高士其全集 5》，北京：航空工业出版社，2005.10。

郑作新（*1906—1998*）

生于福建福州，著名的鸟类学家，中国科学院院士。历任福建协和大学系主任兼教务长、理学院院长，中央大学、北京大学等校教授，中国鸟类学会理事长，国际雉类协会会长等。撰写了1000多万字的论文和专著。

《与鸟儿一起飞翔》选

◆ 郑作新

听奶奶讲故事

现在，每当我听到“世上只有妈妈好”的歌声时，总禁不住要停笔静思，深为自己过早地失去母爱而伤感。因为在我5岁时，母亲就因病去世，从那以后，是慈祥的祖母抚养我长大。她老人家把一片爱心倾注在我身上，她是我最早的启蒙老师。

我的父亲当时在福州盐务局任职，经常被派往各地联系业务，长年在外，家中就剩下奶奶、妹妹和我3人。奶奶当时已年过半百，但身体健壮。她除操持家务外，还要做些女红以补贴家用。她小时候聪明好学，虽然没进过学校，可也认识字，能阅读书刊。她记忆力好，给我讲过许多故事，其中我印象最深的要算精卫鸟填海的故事了。

奶奶说："很古的时候，有个炎帝。他有个女儿，名字叫女娃。女娃长得浓眉毛，大眼睛，好看极了。她不光长得非常漂亮，而且聪明、勇敢。这么好的孩子，炎帝当然喜欢她，总希望她呆在自己身边。可是，女娃却想到处走走、看看，想到更远的地方去。有一天，女娃摇着一只小船，划进了大海。

"大海风平浪静时，女娃可以划着小船漂得很远。这时候女娃觉得就像坐在摇篮中，像躺在母亲的怀抱里，舒服极了。有时候，海面风急浪高，浪头一个接一个地向小船涌来，大风吼叫着，大海像一头发怒的野兽，把小船一会儿举上天，一会儿又摔到万丈深的漩涡里，真是太可怕了！可是，勇敢的女娃一点也不胆怯，她迎着风浪，在大海中拼搏。

"有一天，女娃又划着船出海。划着划着，突然天气变了，大风呼呼地刮了起来，大海也变了脸，黑色的大浪蹿着跳着向小船打来。女娃的小船像一片落叶，颠来簸去。猛然，一个大浪劈头盖脑地砸下来，小船翻进海里，啊哟，女娃被大海吞没淹死了。

"女娃死后，变成了一只鸟，这只鸟就是精卫。精卫长得很美丽，白色的羽衣，深红色的嘴，橙黄色的脚，善于飞翔。精卫飞到大海边一座多岩石的山上安了家。它发誓要向大海报仇雪恨，要把大海填平。大海知道了'嘿嘿'冷笑起来，它冲着山上的精卫喊道：'你填吧，你填不了，我不怕你！'

"精卫鸟不声不响，一会儿衔来一个石子，一会儿又叼来几根树枝，从早到晚，不停地衔啊，叼啊，不停地填哟填哟。今天填一点，明天又填一点，一天两天，一年两年，日积月累，越填越多，大海的冷笑声也随着越来越少，越来越小，快听不到了。

"后来，精卫还同海燕结了婚，生了两个孩子，男的像海燕，女的像精卫，他们也加入了填海的行列，每日衔啊，飞啊，填啊……精卫鸟填海不止。"

奶奶讲到这里，总要停下来问我："你说精卫鸟的决心大不大？毅力大不大？”而我却急着问：“精卫鸟还在飞吗？”“精卫鸟还在填海吗？”当然奶奶答不上这些问题，但我的脑海里总在思索这个精卫鸟的传说。

多少年过去了，精卫鸟填海的故事一直深深地印在我的脑海中。这个神话故事表达了我们祖先征服自然、改造自然的美好愿望和进取的精神。每当我想起这个故事，总好像看见精卫鸟在万里晴空展翅飞翔。它叼来石子、草根，日复一日地填海；我又仿佛看见在狂风暴雨的海面，精卫鸟搏击长空，把一块块石子抛向海里。精卫鸟那种不屈不挠、锲而不舍的精神在不知不觉中影响了我。它培育了我干什么事情都坚持不懈干到底的坚韧毅力，也激发了我探索大自然奥秘的兴趣，更滋养了我的一个与飞翔的鸟儿有关的朦胧梦想。

从小养成好习惯

我从小爱好广泛，既爱玩沙土，用沙土盖房子、堆沙丘，也喜欢各种小动物。逮蟋蟀、钓螃蟹、捞河虾，也很开心。但最喜欢的还是翻书看，把父亲书柜里的各种书籍翻看了一本又一本。我特别爱看生物书，书上的花草鱼鸟的插图我看了又看，还不断地问奶奶：“这是什么花？”，“这是什么鸟？鸟为什么会飞？”连几何、物理、化学书上的图形、实验图都要问，问得奶奶答不上来才罢休。

开始我翻书，翻一本扔一本，桌上、椅上，甚至地上都扔着书。奶奶看到这样乱，就要求我看完一本书放回原处，再拿一本，每次书都要码放整齐，便于今后查找。同时，也要求我对其他的物品不乱扔，都放到固定的位置。渐渐地我就养成了一些好习惯。这些习惯对我以后从事科学研究工作很有好处。我总是将有关书籍、资料放得有条有序，现在我虽已 90 岁了，还能在成堆的各种书刊资料与文稿中，准确地找到所需要的资料。这当然与记忆力有关，但良好的学习与生活习惯也给我节省了不少时间，提高了工作效率。

我 6 岁开始上学。因小学校距家不远，所以每天都是独自去学校。在学校上课能专心听讲，回家总是自己复习功课，从来不用奶奶督促。当我能认识几百个字后，竟看起课外书来。奶奶看我那么喜欢看书，就与爸爸商量，打算放学后送我去一所私塾念古文。爸爸当然同意。这样我就去私塾跟一位老先生学了几年古文。从背唐诗开始，学了许多古诗词，有的还能背得滚瓜烂熟。小时候学的这些古文，给我打下了一个阅读古籍的基础，没想到对我以后的科研工作还有很大帮助。我在论证“家鸡的起源”和撰写我国鸟类史时，要查找许多古籍。在阅读著名的《诗经》《论语》《禽经》《尔雅义疏》等书时，就不感困难。现在回忆我上中学与大学时学的古文并不多，这些古文阅读能力就要归功于我幼时的私塾教育了。

我学习也有特点。例如学习地理，总要对照地图，把课本上的地名在地图上找一找，看看这个地方的“左邻右舍”，这样对它的位置就记得很清楚。我地理学习的成绩一直是优秀。这个基础对我以后研究动物地理学很有帮助。我觉得青少年时期的学习都是打基础，这些知识说不上什么时候就用上了。古人说过：“书到用时方恨少。”这是很好的经验总结。为了将来有所成就，在中小学阶段，各门功课都应该学好。

此外，父亲总要求我“今日事今日毕”，这句话成了我这一生的座右铭。无论是学习、查阅资料，还是搞科研、撰写论文，我都每天按计划完成。身体好的时候，有时熬到深夜也要把当天的事做完；年纪大了，爱忘事，我就坚持写工作日记，合理安排每天的工作，直到今天。

得了三项“第一”

中学毕业前夕，学校举行运动会。那时我才 15 岁，按年龄被编到少年组参加比赛。学校规定每人只许参加三项比赛，我报了 100 米跑、跳远和三级跳远三个项目。

运动会当天，周围挤满观众，不但有全校师生，还有老师的眷属以及学校附近来看热闹的居民。比赛一项接一项地进行着，成绩也随着比赛的结果一项一项地被登榜公布：

“100 米第一名，郑作新。”

“跳远第一名，郑作新。”

“三级跳远第一名，郑作新。”

我得了三项第一，而且还是全校个人总分第一，老师同学都来向我祝贺，学校还奖我一个奖杯。我很高兴，把奖杯拿回家给奶奶看。奶奶高兴之余还带我去照相馆拍了张照片，寄给父亲。

其实，我取得这样好的体育成绩还得益于我父亲的教育，这要从我一次生病说起。

我升入中学后，除了完成作业外，就喜欢读书。家里那时没有电灯，晚上是一支蜡烛或一盏油灯陪我读书到深夜。有时奶奶一觉醒来见我还在看书，总是爱怜地催促我早点休息。终于有一天，我捧着书阅读时，只觉得眼前金星闪烁、跳跃，接着一片漆黑，我晕倒在地上。这可把奶奶吓坏了，她赶忙请人发电报把父亲叫回家。

爸爸慌慌张张地从外地赶回，帮助奶奶照顾我，等我稍好一些时，他跟我进行了一次严肃的谈话。

父亲问：“你几天没去上学了？”

我答：“已有一个星期了。”

父亲语重心长地说：“你才这一点年纪就病倒一个星期，以后上中学，念大学，学习更繁重，如果没有一个健康的身体，怎能适应今后的学习任务？再说远一点，毕业以后，你还要为国效力，要工作上四五十年，没有一个健康的身体能行吗？”

我点头称是。父亲给我讲了古今中外一些知名人物坚持锻炼身体的故事，真使我有顿开茅塞之感，印象很深。我认识到除念好书之外，还有很多事也要认真地去做。

父亲还告诉我：要学习好，必须加强身体锻炼，只有这样才能保证今天的学习，而且还能在今后工作上挑重担。他要求我“从今日做起”。

从此，我开始注意身体锻炼。我所就读的中学离家较远，我原本是乘车往返，但从那以后，我就改为徒步上下学。虽然要花更多时间，每天还要早起，但步行却活动了全身，走到学校身上已汗涔涔的了。在学校我也开始参加一些体育活动。我最喜欢的是打乒乓球。我是左撇子，左手握拍，既能推挡，又会出对方意外从左边扣杀。同时，我也打篮球与排球。上大学时，还喜欢上了网球，每天下午课后玩个把小时，觉得全身舒畅无比。这个爱好一直坚持到当教授以后，至今家里还保存着一对我30年代使用的网球拍。除打球外，我还参加爬山、攀树、捉迷藏、远足等户外活动。

由于坚持体育锻炼，我的身体日益健壮起来。我的身体素质在中学时代打下了一个良好的基础，这保证了我旺盛的学习精力。在中学期间，由于成绩优秀，我连跳了两级。因此，我不足16岁就高中毕业了。我的结实的身体还为我以后从事艰苦的野外科学考察与科研工作提供了良好的条件。我在50多岁时还攀登安徽黄山，进行鸟类资源的调查工作；70多岁时还登上吉林长白山的天池。当时助手们要扶我上山，被我一一谢绝了。我连拐棍都未用，爬上了天池，让年轻的同行赞声不绝。

选自郑作新著《与鸟儿一起飞翔》，长沙：湖南少年儿童出版社，1997.12。

王淦昌（1907—1998）

出生于江苏常熟，核物理学家、中国核科学的奠基人和开拓者之一、中国科学院院士、“两弹一星功勋奖章”获得者。参与了我国原子弹、氢弹原理突破及核武器研制的试验研究和组织领导，是中国核武器研制的主要奠基人之一。

做一个像岳飞那样的人

◆ 王淦昌

我出生在江苏省常熟县东南的枫塘湾，那是一个只有十几户人家的小村子。我的父亲王以仁是个中医，几十年勤勤恳恳行医，刻苦钻研医术，在当地很有名气。他工作很忙，经常外出为周围村镇居民治病，常熟县城里也有一些人来请他去诊治一些疑难病，到我家来求医的人就更多了。所以，那时候我家生活比较富裕。

父亲的前妻生了三个女儿，两个女儿出嫁后，她就生病去世了。父亲为三女儿招了个女婿，三女婿到王家后就改姓王，叫王舜昌，成了王家老大。他跟父亲学医，父亲待他像亲生儿子一样。在旧社会，人们都说“不孝有三，无后为大”。父亲很希望自己能有个儿子续王家香火。后来，他又娶了邻村一位年轻姑娘，指望她能为王家生个儿子。这个年轻姑娘就是我母亲，叫宗秀宝。

母亲嫁过来几年，没有生孩子，感到很有压力，也很着急。她和父亲商量，领养了一个儿子，给他起名叫王钍昌，排行老二。说来也奇怪，过了一年多，母亲竟怀孕了。1907 年阴历 4 月 17 日，她生下了王家唯一的亲生儿子，就是我。我排行老三。

这时父亲已是花甲之年，老来得子，别提多高兴了。我满月那天，他专门为我办酒席，请亲戚朋友来喝喜酒。他说母亲为王家立了功。

母亲在王家的地位提高了许多，我更是成了父亲的掌上明珠。只要有空，他总把我抱在怀里，逗我玩，和我说话。当我咿呀咿呀学语的时候，他高兴得逢人就说："我的小儿子会跟我说话啦！"然而，好景不长，我还不满四岁，父亲就不幸病逝，永远地离开了我们。

父亲去世后，大哥继承父业，像父亲一样当医生，给病人看病；同时也做些药材生意。母亲操持全家生活。母亲读过私塾，是个有文化的妇女，很有见地，会待人处事，和邻里相处都很好。她很爱我。我小时候身体比较瘦弱，胆子也小，使她操了不少心。父亲不在了，有这样一个母亲，我感到幸福。我也爱她，常常跟在她身旁，帮她做一些事情。人们都说我像个女孩子，很乖。

外婆也喜欢我。外婆不识字，但是通情达理，肚子里装着许多故事，什么"铡美案"呀，"五鼠闹东京"呀，还有"三侠五义"、"杜十娘"、"岳飞"等等，都是她听戏学来的。我总是缠着外婆给我讲故事。我从小就把外婆排在母亲后面，母亲第一好，外婆第二好。

外婆常对我说："岳飞是南宋抗金名将。在抗击敌寇的战斗中，他屡建奇功。后来被卖国求荣的秦桧杀害。你要像岳飞那样，胸怀大志，精忠报国。"外婆的话我一直记在心里。

我 6 岁时，有一天，母亲把我叫到身边，对我说："本来应该早一点让你去读书，只是你身体太弱，我怕读书累坏了你。现在你长大些了，身体也好些了，就跟先生读书去吧。明天我领你去见先生好不好？”我早就羡慕那些在私塾读书的小朋友了，盼望自己也能和他们一样。听了母亲的话我真开心，连忙说：“好，好，明天就去读书。”

在私塾读书的有十多个孩子，先生叫龚兆林。那时候清朝已经被推翻，可他还留着一条长辫子，学生们都怕他。那天，母亲给我穿了一身新衣裳，领我到私塾，让我向先生鞠了个躬，就算入学了。

头一年，先生教我念《三字经》《百家姓》……第二年教《论语》《孟子》……先生念一句，就要我们自己念一句，直到会背诵。如果背不出来，就会被打手心。除了念书，我还要练写毛笔字，先学“描红”。我背书写字都很认真，所以没有挨过打，每次先生都夸我书读得很好。

我在私塾念了两年书。8 岁的时候，母亲听说太仓县沙溪镇有一所新式的洋学堂，她想洋学堂一定比私塾好。看我这样聪明肯学，她想送我到洋学堂去多学点东西。可是想到沙溪镇离家有十来里路，不能每天回家，让我一个幼小的孩子一个人在外面上学，生活自理，又实在放心不下，何况路上还有土匪出没。

她到父亲灵位前祈祷，求父亲保佑我平安，这样才觉得安心一点。她去和大哥商量，大哥很赞成我到洋学堂去上学。我听到这个消息，当然高兴。可是当母亲送我到沙溪小学，把我在学校的吃住都安排好，叮嘱我一些生活上要注意的事情时，我听着听着眼泪就掉下来了。

我舍不得母亲，我从来没有离开过家、离开过母亲呀！现在母亲就要离开我，让我自己留在学校里，我心里直发慌。母亲也在流泪。我知道母亲的心，她也舍不得我，她是为了我的前程着想啊。我暗下决心：一定要坚强，什么都不要怕，好好学习，考出好的成绩，让母亲高兴。

刚开始一段时间，我总感到不习惯，很想母亲。特别是晚上睡觉的时候，我会想母亲在家里做什么。母亲为了让我尽快习惯学校的生活，不让我每个星期日回去，只让我一个月回一次家。

每次来人接我回去时，我总嫌坐小木船走水路太慢，都是走旱路回家，这样可以早一点见到母亲。

对学校的饭菜，我觉得比家里的还好吃，和同学们在一起吃饭无拘无束很开心。特别是学校的课程，我感到很新鲜、有趣，有学不完的东西。

我是从一年级读起，国语课（就是现在的小学语文）学的内容和私塾差不多，有些课文在私塾里已经学过了，学起来比较轻松。而算术课（现在叫数学）在私塾里没有，所以学起来觉得很新鲜，我对它产生了很大的兴趣。那些算术题好像是一些有趣的游戏，我都用心去做；乘法口诀，我倒背如流。我爱上了数学。还有美术课、体育课我都喜欢。这和在私塾里整天跟着先生念书、背书相比，真是有趣多了。

我在沙溪小学学习成绩一直很好。老师常常当着我的面，向大哥、母亲夸奖我聪明，学习用功、做事认真，是个好学生。我在旁边听了总是不好意思地低下头。

我在沙溪小学还参加过一次反帝反封建的游行，这也是我第一次参加爱国活动。

……

1919 年 5 月 4 日，北京的几千名爱国学生在天安门前集会，反对巴黎和会的决定，反对军阀政府的卖国行动。

……小小的沙溪镇也不平静了，沙溪小学的老师们也积极行动起来，带领学生上街游行，宣传抵制日货，反对卖国贼。人们用赞许的目光看着我们。我举着小旗，走在游行队伍里，感到自豪，感到光荣。我们是在为国家兴亡呼喊、出力，所以受到大家的拥护。岳飞精忠报国，流芳百世，秦桧卖国求荣，遗臭万年，就是一个例子。我从小就想做一个像岳飞那样的人。

选自王淦昌著《无尽的追问》，长沙：湖南少年儿童出版社，1997.12。

吴大猷（*1907—2000*）

生于广州，著名物理学家、教育家。历任北京大学物理学教授，西南联合大学教授，国科指导会主任委员等职，1931—1933年在美国密歇根大学获得硕士和博士学位。1933—1934年在美国作光谱学、原子和原子核物理学方面的研究。1948年被选为中央研究院院士。

八十述怀

◆ 吴大猷

我五岁，父亲即过世。由于没有兄弟姊妹，因此母亲把全副心力都放在我身上；我从小没有机会也不大喜欢和别的小孩玩，言行举止也完全是以母亲为榜样。母亲虽然是在旧式家庭长大，也算是有新观念的；她专心教养儿子，在做人处事方面，她以身作则，自然而然的我便守规矩。回想在母亲身边那段日子，我谨守教诲，不敢乱出主意，从来没有像胡适之先生《四十自述》所记曾遭其母重罚的情形。我总是在大人允准的范围内活动，做一些不会出乱子的斯文事，例如：十岁左右，看见几位姑母画画，自己也画画；在广州上学，每天走过“双门底”大街，有许多卖图章的铺，便也无师自通地刻图章。至于户外打球，容易弄得一身泥的运动，母亲是决不鼓励的。这对我后来的性向及脾气，都有影响：无形中有一种胆怯心理；像我现在讲课当然没问题，但在其他场合，如喜庆婚宴上，人家请我致词，我十分拘谨，不会讲些应景的话。

我们知道，“创作”的第一要义，是不受成规束限；现代教育让儿童活泼发展，鼓励他创造、思考，是有道理的。后来我对自己的儿子葆之，即采放任态度，他入大学，他要念数学和音乐，便由他，后来他改念生物化学，亦由他。

我记得十几岁离家北上天津求学时，母亲叮咛：“所有的袜子、手帕、衬衫、内裤，都要自己洗，不要给洗衣房洗！”母亲的观念是怕洗衣房将衣物和别人的混在一起洗，不干净。从那时开始，经过留学、留居国外，这个习惯我还保留着。今天在台，有时仍自洗手帕、内裤、袜等。

此外，我从母亲那儿得到最好的教导和最深的影响，则是多为人着想（英文 considerate 字的真谛），不要使人为难或不好意思。

曾经有人问我：“‘大猷’的意思是大计划，这个名字是哪位长辈取的？其命意和你走上科学研究之路有何关联？”

其实，全是家谱、排字辈的关系。我那一辈是“大”字辈；名字是我祖父在我出生前就定好了的。

从小受家庭环境的影响，我认为念书乃天经地义之事。自小学、中学到大学决定念科学，一切也似乎很自然而然地，未犹豫过。对中国诗词旧学和新文学，我都没有什么兴趣；倒是在大学阶段，开始景仰一些有科学著作的人，所以慢慢地、自然地走上科学这条路；此后对物理学愈深入，兴趣愈浓，更不再有做文学家或改行从商从政的念头。

选自吴大猷著《吴大猷文录》，杭州：浙江文艺出版社，1999.05。

贾兰坡（1908—2001）

河北省玉田县人，著名考古学家、古人类学家、第四纪地质学家，中国科学院资深院士、美国全科学院外籍院士、第三世界科学院院士。代表作《贾兰坡说中国古人类大发现》等。

我的童年

◆ 贾兰坡

1908年11月25日，我出生在河北玉田县城北约7公里的小村庄——邢家坞。这个不足200户的村子，北临山丘，南望一片平原，土地贫瘠，村民的生活比较贫困。

据坟地碑文记载：我们贾家原籍河南省孟县朱家庄，在明代初期才迁移到邢家坞。

听老一辈人说，我的曾祖有兄弟二人，大曾祖父没有儿子，按我们家乡当时的规矩，需要把我二曾祖父的长子，即我的大祖父过继给大曾祖父。我的二祖父也没儿子，又从我三祖父一门中把我的父亲过继给二祖父。由于生活困难，在我很小的时候，我的父亲就只身到北京谋生。

我们村里有个叫宋竹君的，据说他是燕京大学的前身——汇文大学（后改为汇文中学）毕业，在北京英美烟公司任高级职员。经他介绍，我父亲也进了英美烟公司。父亲本名贾连弟，号荣斋。他的工作部门叫“调换处”，实际上是做一种广告性质的工作。人们只要能集到一定数量英美烟公司出品的香烟空纸盒或烟盒内的画片，就可以到调换处换取挂历、成套茶具及小玩艺儿等物品。

由于工作日渐起色，人来人往日渐增多，人们都习惯称父亲为荣斋，而他的本名反而没人叫了。当时父亲每月薪水 18 元，他自己省吃俭用，每月需花 8 元，其余 10 元就托人捎回老家，家中的日子自然好多了。

我家村后的东山上有两个山洞，一大一小，我常常跟着其他小孩到小洞里探洞玩。大洞深不可测，我们从不敢进去。有时用石头打成圆球，从山上往下滚着玩。想不到这在以后的工作中，对发现石球的打制过程和用途也有着很大的帮助。

在村北的小山下，还有一条南北向细长的水坑。这也是我们孩子常常光顾的地方。我们就在坑里洗澡、打水仗。我还常常到地里逮蝈蝈、捉蜻蜓和小鸟。在鸟中，我们最喜爱“红靛颏”或“蓝靛颏”，凡是我们网着的鸟，除了这两种，其余统统放生。当然我们小孩之间，也常常为逮鸟打架，母亲只是拉开了就完，最多打几下屁股。她不许骂人，骂人或偷拿别人的小孩的东西准挨一顿掸把子，东西还要送回去。

我外祖母家在门庄子，位于邢家坞村和玉田县城之间，地处平原，风光秀丽，也是个 200 多户的村子。外祖母住在村前街的西头路北，家中有五间北房。东侧有条路通往后街，小路东边有个数十米长、直通南北街的大水坑，水坑大小东西有三四十米。前街路南有一块菜园，冬季多种大白菜，夏天除种各种蔬菜外，还种甜瓜、西瓜等。外祖母家我也非常爱去，除了有水坑可以游泳外，更因为那块很大的菜园子，有很多好吃的瓜果和蔬菜，比邢家坞的菜多了很多，何况还有一个比我大 13 岁的表兄，他常带我去坑里摸鱼和捉螃蟹，又好玩又能解馋。

大约到了 7 岁，我在外祖母家开始上学了。当地没有学校，读的是私塾。

所谓私塾，就是在老师家上课。老师教几个学生，屋里没有课桌，只有个方桌，炕上放个炕桌而已。教的是《三字经》《百家姓》《千字文》。我还记得，老师叫谷显荣。每天进老师家中第一件事，就是向孔子牌位行作揖礼，然后各就各位，背书或描红模子。学完了三本小书，又学了半本《论语》，谷老师因病去世了。我又到邻村跟一位叫李小辫子的老师学。当时已是民国，但他还是清朝打扮，留着辫子，所以当地人都叫他李小辫，而不知他的大名。他对学生管得很严，背书背不下来或背错了，都要挨掸把子。他给我们讲的课文，我们听了虽然有时似懂非懂，但因怕挨打，背得都很熟。所以到现在什么“一去二三里，烟村四五家，亭台六七座，八九十枝花”、“松下问童子，言师采药去，只在此山中，云深不知处”，还仍然记得清清楚楚。

大约到了 8 岁，《四书》读完，又读了点《诗经》，我的外祖母也去世了。此时邢家坞也有了私塾，我又返回自己的家继续读书。

应该说，我识字的启蒙老师是我的母亲。我的母亲戴明，虽未上过学，但聪明而知晓大义。村里有个叫王雍的老头，识字最多，他看的小说也多。每到夏天，大家在一起乘凉，都会叫王雍讲故事。母亲常把听来的故事再讲给我听，都是一些“岳母刺字”、“精忠报国”之类，母亲一边讲一边教导我要学好人，不要做坏事。后来母亲对小说也着了迷，就借来看，不认识的字和不懂的地方就请教王雍，天长日久，她也认识了很多字，就是不会写。到后来，她连不带标点的木版印刷的小说也能看得懂。

父亲在北京做事，家里有了活钱，生活自然好多了。母亲要求我穿戴不能与其他孩子有区别，我只比别的孩子多件内褂和内裤，外表仍是粗布衣裤。别人家的孩子在玩的时候都背着扒篓，边玩边拾柴，母亲也叫我背一个，不要求拾多少柴，就是不能比别人家的小孩有特殊感。这对我作用很大，以致后来，我对待他人，不管职位高低，都能一视同仁，这不能不说是母亲当年教育的结果。

虽然父亲每月捎钱来，但家里平时仍是早饭玉米渣粥加咸菜，午饭和晚饭是玉米面贴饼子加上一锅菜，有时是小米饭。当然过节和有客人来就不一样了。有时为了给祖父下酒，母亲炒个菜，祖父总想叫我一起吃，母亲反对说:“小孩子家，吃喝时间长着呢！不在这一口两口。”过年时，客人给的压岁钱，都得如数上交，母亲又说:“孩子花惯了钱对他一点好处也没有。”但过年的新衣、新鞋母亲总是早早就做好了，当然还有灯笼、鞭炮之类的玩艺。所以过年是小孩子最盼望的了。

我的童年是在农村度过的。虽然家境不是很宽裕，但童年的生活非常愉快，无忧无虑。至今我还常常回忆起来那时的情景。

选自贾兰坡著《悠长的岁月》，长沙：湖南少年儿童出版社，1997.12。

钱伟长（*1912—2010*）

江苏无锡人，世界著名的科学家、教育家，杰出的社会活动家。曾任上海大学校长。出版有《圆薄板大扰度问题》《弹性力学》等著作。

幼年的乡村生活

◆ 钱伟长

我于1913年10月出生在江苏省无锡县的一个小农村——七房桥。祖父和父叔都是贫穷的乡村教师。他们以微薄的薪资负荷着家庭重担，上奉老母、下养妻儿幼弟。我幼年就深知生活贫困的艰辛，在进大学前从来没有穿过一件新衣服，穿的都是叔父们小时穿旧了的并经过母亲改裁以后的旧衣，腰部都是折叠着缝起来的，随着年龄逐步放长，时间长了别处都褪了色，腰部就像围了一条深色腰带。布鞋布袜都要补了又补，有时补到五六层之多，穿起来很不舒服，夏天干脆赤脚。为了糊口生活，争着帮助祖母、母亲和婶母采桑养蚕、挑花刺绣、拾田螺、捞螺蛳、捉田鸡，挑金花菜、马兰头、荠菜等田岸边上的各种野菜，放鸭子，摸小鱼小虾，湖边挑灯捉蟹，泥中拾蚌等各种能添补家用或助餐的活计。幼年由于生活贫困，农村中卫生条件又很差，曾患过肠胃寄生虫病、疟疾、痢疾、肺病、伤寒等多种疾病，在缺医无药的条件下，我终究还是活了下来，不过留下了一个发育不良的瘦弱体格。当我19岁进入清华大学时，身高只有一米四九，马约翰教授亲自为我们进行体格检查，测量身高的标杆最低刻度在一米五〇，我是全班最矮的一个，在刻度以外，马老喊着说："Out of scale。"后来马老告诉我，我是清华大学多少年来唯一的一个在标杆刻度以下的新生。

幼年平时生活虽然清苦，但每逢寒暑假，父亲和叔父们相继回家，就在琴棋书画的文化环境中受尽了华夏文化的陶冶。父亲和四叔陶醉于中国文化和历史，用薪资节省下来的钱购藏了四部备要和二十四史，以及欧美名著译本，夏天每年三天晒书和收书活动，我是最积极的参与者，从这些活动中，增长了我对祖国浩瀚文化的崇仰。六叔以诗词和书法见长于乡间，登门求墨宝者不绝于途，八叔善小品和笔记杂文，在《小说月报》和《国闻周报》经常刊出以"别手"为笔名的文章，"别手"者捌也，八叔名"起八"字"文"，取"文起八代之衰"之意，他对唐宋古文很有见解，当时也曾受到文坛的重视。我是从八叔处初次借到《水浒传》阅读的，在没有进小学以前就开始阅读中国演义小说，进而阅读春秋左传以及史记汉书的。八叔只比我长七岁，我和八叔也最亲近，许多中国古代笔记杂文都是从八叔处接触到的。在幼年时，八叔也是我的家庭教师，父亲要求我每两天交一篇作文，并要求八叔亲自批改。这一训练对我非常有用，至少在进入学校后，国文课经常能得高分。

假期家中最受我欢迎的活动是围棋，父叔四人都精于围棋，经常打擂台，我是最热诚的观战者，也管记账。他们有时摆谱，家中有《海昌二妙集》等各种棋谱，在开学后父叔返校，我也经常摆谱，但我从来不敢和父叔对局。不过后来在小学、中学、大学中多次参加校内比赛，就靠这点底子，居然也能取得冠军，同时围棋就成为我终身的业余爱好。

一到晚饭后，每天有一小时的音乐活动，父亲善琵琶和笙，四叔善箫，六叔好笛，八叔拉一手好二胡。他们合奏时，祖母、母亲、婶母和弟妹都围坐欣赏，并经常有邻居参加旁听。我听长了也能打碗击板随乐。这样的音乐活动，增加了我的节奏感。我长大后，由于专业工作和社会活动过重，并无时间参加音乐欣赏活动，也形成不了业余爱好，但乐感和节奏感还是明显地存在着的。

融乐的家庭及长辈的楷模，启迪着像我这样的年轻人，懂得要洁身自好，刻苦自励，胸怀坦荡，积极求知，安贫正派。在进入正规学校前，就得到家庭教育的良好培养。

选自钱伟长著《钱伟长文选 第5卷》，上海：上海大学出版社，2012.09。

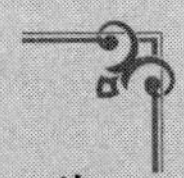

王大珩（*1915—2011*）

中国科学院院士，中国工程院院士，国际宇航科学院院士，著名光学家，中国近代光学工程的重要学术奠基人、开拓者和组织领导者，“两弹一星功勋奖章”获得者，杰出的战略科学家、教育家。

《七彩的分光》选

◆ 王大珩

鸡兔同笼的教益

上学后，父亲对我更加严厉了。只要有空，父亲就要亲自看着我写大字（毛笔字）。我最怕父亲看我写大字了。父亲不说话，只森严地往后面一站，我就知道今天又有巴掌伺候着了，立刻如芒在背，浑身都透着不自在。父亲的巴掌殷勤得很，我写字时只要头稍微歪一歪，父亲的巴掌立刻就会扇下来，把歪着的头打正。要是看到我拿笔的姿势不正确，或是看到哪个字写得不像样，父亲就会毫不留情地把我手里的笔打掉，常弄得笔飞墨溅，满桌开花。

父亲从来不夸奖我。无论我考试成绩有多好，无论我得多少个第一，父亲对我最满意的表示，就是表情生硬地扔出一句地道的苏州话：“考胚！”这句话的意思分明是说，我只不过是个适合考试的胚子而已。即便是后来我考上清华大学和出国留学时，父亲也只是摆出这么一副脸子，赏给这么一句苏州话。我始终也没琢磨透，在“考胚”这句话里，父亲的褒贬成分到底哪个更多一些呢？

小学四年级时，先生曾出过一道“鸡兔同笼题”。这是一道中国民间传统数学题目。说的是一个笼子养了许多鸡和兔子，只知道鸡兔加在一起共有 30 个头 100 条腿，问究竟养了多少兔子多少鸡？全学年的学生中只有我一个人答对了。我在学校出足了风头，意犹未尽地一溜烟跑回家，立刻兴致勃勃地把这件事告诉了父亲。

父亲无动于衷地听完后，只吩咐我把计算过程复述一遍。待到我得意洋洋地复述了一遍之后才发现，父亲的脸色已经阴沉得拧得出水了。

“不对！”父亲断然打断了我。

“先生说我对了……”我刚想解释，父亲却一下子火了：“对什么对？！告诉你不对，就是不对！”

我傻眼儿了，不知所措地望着父亲。

“你以为得数对了就是对了？！”父亲瞪着眼问我。

我没敢搭茬，但心里不服：本来先生就说我对了嘛！

“知道吗，你的思路不对，计算过程错了。这说明你根本就没搞懂，得数对只不过是巧合而已！”父亲气哼哼地说。

接着，父亲详细地为我讲解了这道题。直到我真正理解了之后，父亲便背着手边踱步子边开始了训斥。

“学子最忌什么你知道吗？”父亲厉声问道。

见我羞得满面通红说不出话来，父亲又接着训道：“最忌骄躁二字！骄则浮华不实，躁则浅尝辄止。你小小年纪胸无点墨，还未学得一星半点学识，就先有了骄躁之气。如此下去，何以长进？何以长进啊！”

我无言以对，惭愧地深深低下了头。

这件事给了我很深的教益，它使我懂得了在学习上面是来不得半点的浮躁和骄傲的，只有采取老老实实的态度，认认真真地去搞懂每一个问题，才能一步一个脚印地攀登知识的高峰。

许多年之后，我碰到了这样一件事。

我所带的一位博士生在他的博士论文中引用了一个观点。这个观点曾在国外许多有影响的学术论文中，被当做公认的正确观点加以引用。但我发现这个观点在理论上有些问题，需要进一步论证。因此，我没同意这个博士生进行答辩。我要求他亲自动手重新对这个观点进行论证。

开始时，这位博士生很不以为然。因为他在引用时参考的都是一些在国际光学界很有影响的文章，他认为既然那么多知名学者都加以引用，就说明这个观点是正确的，不可能有问题。而且，这个观点的引用使他省略了很多的工作和思考，如果一定要自己亲自动手去证实这个观点的话，就需要回过头去做大量的计算工作，他不想这样做。于是，他找了很多美国学者支持这一观点的资料送给我看，希望我能改变想法。

后来，我给他讲了鸡兔同笼的故事，我对他说："你不要看有很多美国学者在理论上都这样说，就人云亦云。事实上，学术界常有不负责任地引用论点的情况。看到一篇文章中有了结论，就不肯自己再去费力证实了，大家都图省事把现成的拿来引用，结果造成一错百错的情况。科学是十分严谨的，容不得丝毫的怠惰。在科学上面没有任何捷径可走，只能老老实实地去做。"

听了我的这番话后，这位博士生才下决心老老实实地去从头论证。他整整花费了半年时间才计算出了结果，而这个结果着实使他大大地吃了一惊：实践证明，他引用的那个论点确实存在问题！于是，这位博士生根据这一结果重新改写了自己的博士论文，把经过研究得出的新论点充实到文章之中。后来，正是这篇论文中所具备的独特的新论点引起了国际光学界的重视，这篇论文因而被选入在美国出版的《光学领域100年来在公差方面最有建树的60篇文章》的优秀论文集中。

小圣人挨板子

我小时候长得又瘦又小，看起来文文静静的，甚至显得有些懦弱。特别是在父亲面前，我老实得简直就像只避猫鼠。但我其实一点也不老实，我是老人们常说的那种典型的“蔫淘”，看起来挺蔫，实际上很淘。不压着点，我就常会做出一些很出格的事。

……

还有一次，我淘气淘出了新花样，竟敢在上课前把浆糊偷偷抹在了门把手上，害得先生开门时粘了满手的浆糊。这一次先生可气极了，把我叫到面前严加训斥后又上报了学校。第二天，校长在全校朝会上当众宣布并用戒尺打了我三下手板。那时候，用戒尺打手板是对学生最严格的惩罚了。我在那以前，因为学习成绩好一直被公认是学校里的“小圣人”，一般情况下，我这个小圣人的名字在学校出现总是受表扬的，大家都听惯了。因此，“小圣人挨板子”就成了学校里的一条爆炸性新闻，在校园里传得沸沸扬扬。

在我们家里，父亲从来都是吃小灶的，每顿饭母亲都单独为父亲做一个荤菜。母亲说，父亲在外面做事支撑着这个家，父亲的身体最要紧。我们几个孩子常常围着父亲的那道荤菜咽口水，但是谁也不敢动一下。有一次，家里为父亲烧了一条鱼，父亲吃了一半翻过鱼身时才发现，鱼的另一面早就没肉了，不知被谁偷吃了。父亲气得暴跳如雷，我只好站出来承认是我偷吃的。原来，总也沾不着腥气的我，一看到那条鱼就再也挪不动眼珠了。想着父亲板着面孔吃鱼的神情，我的心里就馋不过，也气不过，心想，他吃得，凭什么我就吃不得?！我今天就吃了这鱼，看父亲能把我怎么样，莫非还真能把我当鱼吃了不成?！这样一想，我就不管三七二十一地吃了起来。吃的时候我存了个心眼儿，只吃了一面，吃完后又把鱼翻过来原模原样地摆在了盘子里。看到父亲吃了半天才发现鱼被人偷吃过了，我心里真是又得意又害怕。我想，完了，这下父亲可是绝对饶不了我了。反正也躲不过去，只好豁出去认打认罚了。这样一想，我就坦然承认了。但不知为什么，这一次父亲却并没有过多地责罚我，只瞪着我气哼哼地骂了几句就完事了。我觉得父亲瞪我的眼神有点怪，里面似乎多了一些我从未见过的内容。

现在我想，我小时的老实其实是被父亲压抑出来的，我小时的淘气其实也是被父亲压抑出来的。也许是在家里，在父亲面前太压抑了的缘故，我在内心深处就格外地喜欢向权威挑衅，喜欢在向权威挑衅的过程中获得心理满足。

水碗中弯折的筷子

父亲也有让我喜欢的时候，虽然很少。

我挺喜欢听父亲讲“事儿”的，父亲高兴的时候就给我讲些“事儿”。说父亲讲“事儿”，是因为父亲无故事，父亲讲的都是一些算不得故事的“事儿”。有天文地理的，也有物理化学的，父亲想起什么就随口讲点什么。

有一天，父亲叫我端来一碗水，把一根筷子插进水碗让我看，问我：“看到了吗？”

我说：“看到了。”

“看到什么了？”

“一根筷子。”

“看没看出来筷子有什么不同？”

“好像……好像有点弯。”我怯生生地回答。

“准确点！到底弯没弯？”父亲有点不耐烦地说。

我又仔细地看了看，回答道：“弯了，是弯了。”

父亲伸手一下提起那根筷子，举到我的面前问道：“看看是弯的还是直的？”

“是，是直的。”我有点惊讶，以为自己刚才看错了。

父亲把筷子又扔回碗里说：“这回你再看看吧。”

我刚看了一眼就傻眼儿了，怎么筷子又变弯了？

父亲对着发呆的我一字一顿地说：“看清楚了，这叫折射，是一种光学现象。”

我把那根筷子拿出来放进去，来来回回地摆弄了半天。这是我此生第一次见到的光学现象。这就叫折射？这个叫折射的东西竟能把筷子弄弯？！我觉得这简直太不可思议，太有意思了。我从此牢牢记住了“光学”这个名词。

但那时我怎么也不会料到，我会与这个名词打上一辈子的交道。

印象最深的还是父亲给我讲的那个发生在古观象台上的事儿。

父亲那时在中央观象台工作，偶尔会带我去观象台玩。观象台座落在老北平城东的泡子河附近，是一座建于明正统七年的古建筑物。高台由青砖垒就，很高傲很突兀地立在那里，一副饱经沧桑傲然尘世的模样。父亲告诉我，这座古观象台曾经有过极辉煌的历史。明、清两个朝代的天文观测中心都设在这里。从前，这里曾保存着许多古人传下来的精美的天文仪器，但后来都被外国强盗们掠夺走了。父亲说，那场悲剧发生在公元1900年。那一年，由强盗组成的八国联军打进了北京城。在这座著名的古观象台上，他们发现了稀世珍宝——8件珍贵的古天文仪器。这些古天文仪器都是康熙皇帝在位期间制造的，具有较高的历史价值。其中有直径两米的天球仪、四分仪等，连承托仪器的龙架都个个雕工精美，巍巍壮观。德、法两国强盗为了这8件稀世珍宝明争暗斗，争吵不休。八国联军总司令瓦德西说，这些东西是“德军战时捕获品”，德国人有首先搬走的权利。法国人则说是他们首先提出要这几件东西的，他们有优先权。清朝政府面对打进家门的强盗束手无策，只能苦苦地向强盗乞求，求强盗们高抬贵手，留下这些老祖宗传下来的珍宝。而强盗是根本不会理睬弱者的乞求的，他们毫不客气地把这些东西瓜分了。至今，这8件中国的古代天文仪器还分别珍藏在德、法两国的博物馆里。这是耻辱！每当讲到这时，父亲就会悻悻地说，这是我们中国人的耻辱！

父亲还告诉我，在这个世界上，靠乞求是什么也得不到的。无论是个人还是国家，都只能靠自强。人自强了，就没有人敢欺负你了。国自强了，就没有人敢侵犯你的国家了。父亲说，什么时候我们的国家强盛了，我们这些中国人在别人的眼里才能真正算得上是个人！

父亲的话我当时虽然似懂非懂，但我却牢牢记住了这个发生在古观象台上的令人辛酸的老故事。

选自王大珩著《七彩的分光》，长沙：湖南少年儿童出版社，2000.10。

杨振宁（*1922—*）

1922年10月1日生于安徽合肥三河镇，清华大学高等研究院教授，香港中文大学博文讲座教授，中国科学院外籍院士、美国科学院院士、中央研究院院士等。1949年，与恩利克·费米合作，提出基本粒子第一个复合模型。1956年与李政道合作，提出“弱相互作用中宇称不守恒理论”，共同获1957年诺贝尔物理学奖。

父亲和我

◆ 杨振宁

父亲到厦大当数学教授

1928年夏父亲得了芝加哥大学的博士学位后乘船回国，母亲和我到上海去接他。我这次看见他，事实上等于看见了一个完全陌生的人。几天以后我们三人和一位自合肥来的佣人王姐乘船去厦门，因为父亲将就任为厦门大学数学系教授。

厦门那一年的生活我记得是很幸福的。也是我自父亲那里学到很多东西的一年。那一年以前，在合肥母亲曾教我认识了大约三千个汉字，我又曾在私塾里学过背《龙文鞭影》，可是没有机会接触新式教育。在厦门，父亲用大球、小球讲解太阳、地球与月球的运行情形；教了我英文字母“abcde……”；当然也教我一些算术和鸡兔同笼一类的问题。不过他并没有忽略中国文化知识，也教我读了不少首唐诗，恐怕有三四十首；教我中国历史朝代的顺序：“唐虞夏商周……”；干支顺序：“甲乙丙丁……”；“子鼠丑牛寅虎……”；八卦：“乾三联，坤六段，震仰盂，艮覆碗，离中虚，坎中满，兑上缺，巽下断”等等。

父亲少年时候喜欢唱京戏。那一年在厦门他还有时唱“我好比笼中鸟，有翅难展……”。不过他没有教我唱京戏，只教我唱一些民国初年的歌曲如“上下数千年，一脉延，……”，“中国男儿，中国男儿……”等。

父亲的围棋下得很好。那一年他教我下围棋。记得开始时他让我 16 子，多年以后渐渐退为 9 子，可是我始终没有从父亲那里得到“真传”。一直到 1962 年在日内瓦我们重聚时下围棋，他还是要让我 7 子。

……

在厦大任教了一年以后，父亲改任北平清华大学教授。我们一家三口于 1929 年秋搬入清华园西院 19 号，那是西院东北角上的一所四合院。西院于 1930 年代向南方扩建后，我们家的门牌改为 11 号。

> 我们在清华园里一共住了八年，从 1929 年到抗战开始那一年。清华园的八年在我回忆中是非常美丽、非常幸福的。那时中国社会十分动荡，内忧外患，困难很多。但我们生活在清华园的围墙里头，不大与外界接触。我在这样一个被保护起来的环境里度过了童年。在我的记忆里头，清华园是很漂亮的。我跟我的小学同学们在园里到处游玩。几乎每一棵树我们都曾经爬过，每一棵草我们都曾经研究过。

这是我在 1985 年出版的一本小书《读书教学四十年》中第 112 页写的。里面所提到的“在园里到处游玩”，主要是指今天的近春园附近。那时西北起今天的校医院、近春楼、伟伦中心，南至今天的游泳池和供应科，东至今天的静斋，北到今天的蒙民伟楼旁的河以南的建筑，都还没有兴建，整块都是一大片荒地，只有一些树丛、土山、荷塘、小农田和几户农家，变成我们游玩的好地方。

我读书的小学成志学校，现在是工会。自 1929 年起我在这里读了四年书。我每天自西院东北角家门口出发，沿着小路向南行，再向东南走，爬过一个小土山便到达当时的清华园围墙，然后沿着围墙北边的小路东行到成志学校。这样走一趟要差不多 20 分钟，假如路上没有看见蝴蝶或者蚂蚁搬家等重要事件的话。

另外一条我常常骑自行车（脚踏车）走的路是自家门口东北行的大路。此路的另一端是当时的校医院（即今天的蒙民伟楼）旁的桥。每逢开运动会，我就骑自行车沿此路此桥去体育馆，和成志学校的同学们组织啦啦队呐喊助威。

父亲常常和我自家门口东行，去古月堂或去科学馆。这条小路特别幽静，穿过树丛以后，有一大段路。左边是农田与荷塘，右边是小土山。路上很少遇见行人，春夏秋冬的景色虽不同，幽静的气氛却一样。童年的我当时未能体会到，在小径上父亲和我一起走路的时刻是我们单独相处最亲近的时刻。

中学时背诵《孟子》

我九、十岁的时候，父亲已经知道我学数学的能力很强。到了 11 岁入初中的时候，我在这方面的能力更充分显示出来。回想起来，他当时如果教我解析几何和微积分，我一定学得很快，会使他十分高兴。可是他没有这样做：我初中一年级与初中二年级之间的暑假，父亲请雷海宗教授介绍一位历史系的学生教我《孟子》。雷先生介绍他的得意学生丁则良来。丁先生学识丰富，不只教我《孟子》，还给我讲了许多上古历史知识，是我在学校的教科书上从来没有学到的。下一年暑假，他又教我另一半的《孟子》，所以在中学的年代我可以背诵《孟子》全文。

父亲书架上有许多英文和德文的数学书籍，我常常翻看。印象最深的是 G.H.Hardy and E.M.Wright 的《数论》中的一些定理和 A.Speiser 的《有限群论》中的许多 space groups 的图。因为当时我的外文基础不够，所以不能看得懂细节。我曾多次去问父亲，他总是说："慢慢来，不要着急"，只偶然给我解释一两个基本概念。

1937 年抗战开始，我们一家先搬回合肥老家，后来在日军进入南京以后，我们经汉口、香港、海防、河内，于 1938 年 3 月到达昆明。我在昆明昆华中学读了半年高中二年级，没有念高三，于 1938 年秋以"同等学力"的资格考入了西南联合大学。

1938 年到 1939 这一年父亲介绍我接触了近代数学的精神。他借了 G.H.Hardy 的 *Pure Mathematics* 与 E.T.Bell 的 *Men of Mathematics* 给我看。他和我讨论 Set Theory、不同的无限大、the Continuum Hypothesis 等观念。这些都给了我不可磨灭的印象。四十年以后在 Selected Papers，1945-1980，with Commentary（Freeman and Company，1983）第 74 页上我这样写道：

> 我的物理学界同事们大多对数学采取功利主义的态度。也许因为受我父亲的影响，我较为欣赏数学。我欣赏数学家的价值观，我赞美数学的优美和力量；它有战术上的机巧与灵活，又有战略上的雄才远虑。而且，奇迹的奇迹，它的一些美妙概念竟是支配物理世界的基本结构。

选自杨振宁著、张奠宙编《杨振宁文集：传记、演讲、随笔》(下)，上海：华东师范大学出版社，1998.04。

艺术家卷

齐白石（*1864—1957*）

湖南湘潭人。原名纯芝，字渭青，号兰亭。近现代中国绘画大师，世界文化名人。曾任中央美术学院名誉教授、中国美术家协会主席等职。代表作有《蛙声十里出山泉》《墨虾》等。著有《白石诗草》《白石老人自述》等。

从识字启蒙到初拾画笔

◆ 齐白石

同治五年（丙寅·一八六六），我四岁了。到了冬天，我的病居然完全好了。这两年我闹的病，有的说是犯了什么煞，有的说是得罪了什么神，有的说是胎里热着了外感，有的说是吃东西不合适，把肚子吃坏了，有的说是吹着了山上的怪风，有的说是出门碰到了邪气，奇奇怪怪地说了好多名目，哪一样名目都没有说出个道理来。所以我那时究竟闹的是什么病，我至今都没有弄清楚，这就难怪我祖母和我母亲，当时听了这些怪话，要胸无主宰、心乱如麻了。然而我到了四岁，病确是好了，这不但我祖母和我母亲，好像心上搬掉了一块石头，就连我祖父和我父亲，也各长长地舒出了一口气，都觉得轻松得多了。我祖父有了闲工夫，常常抱了我，逗着我玩。他老人家冬天唯一的好衣服，是一件皮板挺硬、毛又掉了一半的黑山羊皮袄，他一辈子的积蓄，也许就是这件皮袄了。他怕我冷，就把皮袄的大襟敞开，把我裹在他胸前。有时我睡着了，他把皮袄紧紧围住，他常说抱了孙子在怀里暖睡，是他生平第一乐事。他那年已五十九岁了，隆冬三九的天气，确也有些怕冷，常常拣拾些松枝，在炉子里烧火取暖。他抱着我，蹲在炉边烤火，拿着通炉子的铁钳子，在松柴火堆上，比划着写了个“芝”字，教我认识，说：“这是你阿芝的‘芝’字，你记准了笔画，别把它忘了！”实在说起来，我祖父认得的字，至多也不过三百来个，也许里头还有几个是半认得半不认得的。但是这个“芝”字，确是他很有把握认得的，而且写出来也不会写错的。这个“芝”字，是我开始识字的头一个。从此以后，我祖父每隔两三天，教我识一个字，识了一个，天天教我温习。他常对我说：“识字要记住，还要懂得这个字的意义，用起来会用得恰当，这才算识得这个字了。假使贪多务博，识了转身就忘，意义也不明白，这是骗骗自己，跟没有识一样，怎能算是识字呢！”我小时候，资质还不算太笨，祖父教的字，认一个，识一个，识了以后，也不曾忘记。祖父见我肯用心，称赞我有出息，我祖母和我母亲听到了，也是挺喜欢的。

同治六年（丁卯·一八六七），我五岁。七年（戊辰·一八六八），我六岁。八年（己巳·一八六九），我七岁。这三年，仍由我祖父教我识字。有时我自己拿着根松树枝，在地上比划着写起字来，居然也像个样子。有时又画个人脸儿，圆圆的眼珠，胖胖的脸盘，很像隔壁的胖小子，加上了胡子，又像那个开小铺的掌柜了。我五岁那年，我的二弟出生了，取名纯松，号叫效林。我六岁那年，黄茅堆子到了一个新上任的巡捡（略似区长），不知为了什么事，来到了白石铺。黄茅堆子原名黄茅岭，也是个驿站，比白石铺的驿站大得多，离我们家不算太远，白石铺更离得近了。巡捡原是知县属下的小官儿，论他的品级，刚刚够得上戴个顶子。这类官，流品最杂，不论张三李四，阿猫阿狗，花上几百两银子，买到了手，居然走马上任，做起“老爷”来了。芝麻绿豆般的起码官儿，又是花钱捐来的，算得了什么东西呢？可是“天高皇帝远”，在外省也能端起了官架子，为所欲为地作威作虐。别看大官儿势力大，作恶多，外表倒还有个谱儿，坏就坏在他的骨子里。唯独这些鸡零狗碎的玩意儿，顶不是好惹的，他虽没有权力杀人，却有权力打人的屁股，因此，他在乡里，很能吓唬人一下。那年黄茅驿的巡捡，也许新上任的缘故，排齐了全副执事，差役们挺起胸脯，吆喝着开道，坐了轿子，耀武扬威地在白石铺一带打圈转。乡里人向来很少见过官面的，听说官来了，拖男带女地去看热闹。隔壁的三大娘，来叫我一块走，母亲问我：“去不去？”我回说：“不去！”母亲对三大娘说：“你瞧，这孩子挺别扭，不肯去，你就自己走吧！”我以为母亲说我别扭，一定是很不高兴了，谁知隔壁三大娘走后，却笑着对我说：“好孩子，有志气！黄茅堆子哪曾来过好样的官，去看他作甚！我们凭着一双手吃饭，官不官有什么了不起！”我一辈子不喜欢跟官场接近，母亲的话，我是永远记得的。

我从四岁的冬天起，跟我祖父识字，到了七岁那年，祖父认为他自己识得的字，已经全部教完了，再有别的字，他老人家自己也不认得，没法再往下教。的确，我祖父肚子里的学问，已抖得光光净净的了，只好翻来覆去地教我温习已识的字。这三百来个字，我实在都识得滚瓜烂熟的了，连每个字的意义，都能讲解得清清楚楚。那年腊月初旬，祖父说：“提前放了年学吧！”一面夸奖我识的字，已和他一般多，一面却唉声叹气，好像有什么心事似的。我母亲是个聪明伶俐的人，知道公公的叹气，是为了没有力量供给孙子上学读书的缘故，就对我祖父说：“儿媳今年椎草椎下来的稻谷，积了四斗，存在隔岭的一个银匠家里，原先打算再积多一些，跟他换副银钗戴的。现在可以把四斗稻谷的钱取回来，买些纸笔书本，预备阿芝上学。阿爷明年要在枫林亭坐个蒙馆，阿芝跟外公读书，束脩是一定免了的。我想，阿芝朝去夜回，这点钱虽不多，也许够他读一年的书。让他多识几个眼门前的字，会记记账，写写字条儿，有了这么一点挂数书的书底子，将来扶犁掌耙，也就算个好的掌作了。”我祖父听了很乐意，就决定让我明年去上学了。

同治九年（庚午·一八七〇），我八岁。外祖父周雨若公，果然在枫林亭附近的王爷殿，设了一所蒙馆。枫林亭在白石铺的北边山坳上，离我们家有三里来地。过了正月十五灯节，母亲给我缝了一件蓝布新大褂，包在黑布旧棉袄外面，衣冠楚楚的，由我祖父领着，到了外祖父的蒙馆。照例先在孔夫子的神牌那里，磕了几个头，再向外祖父面前拜了三拜，说是先拜至圣先师，再拜受业老师，经过这样的隆重大礼，将来才能当上相公。我从那天起，就正式地读起书来，外祖父给我发蒙，当然不收我束脩。每天清早，祖父送我去上学，傍晚又接我回家。别看这三里来地的路程，不算太远，走的却尽是些黄泥路，平常日子并不觉得什么，逢到雨季，可难走得很哪！黄泥是挺滑的，满地是泥泞，一不小心，就得跌倒下去。祖父总是右手撑着雨伞，左手提着饭箩，一步一拐，仔细地看准了脚步，扶着我走。有时泥塘深了，就把我背了起来，手里还拿着东西，低了头直往前走，往往一走就走了不少的路，累得他气都喘不过来。他老人家已是六十开外的人，真是难为他了。我上学之后，外祖父教我先读了一本《四言杂字》，随后又读了《三字经》《百家姓》，我在家里，本已识得三百来个字了，读起这些书来，一点不觉得费力，就读得烂熟了。在许多同学中间，我算是读得最好的一个。外祖父挺喜欢我，常对我祖父说："这孩子，真不错！"祖父也翘起了花白胡子，张开着嘴，笑嘻嘻地乐了。外祖父又教我读《千家诗》，我一上口，就觉得读起来很顺溜，音调也挺好听，越读越起劲。我们家乡，把只读不写、也不讲解的书，叫做"白口子"书。我在家里识字的时候，知道一些字的意义，进了蒙馆，虽然读的都是白口子书，我用一知半解的见识，琢磨了书里头的意思，大致可以懂得一半。尤其是《千家诗》，因为读着顺口，就津津有味地咀嚼起来，有几首我认为最好的诗，更是常在嘴里哼着，简直成了个小诗迷了。后来我到了二十多岁时候，读《唐诗三百首》，一读就熟，自己学做几句诗，也一学就会，都是小时候读《千家诗》打好的根基。

那时，读书是拿着书本，拼命地死读，读熟了要背书，背的时候，要顺流而出，嘴里不许打咕嘟。读书之外，写字也算一门功课。外祖父教我写的，是那时通行的描红纸，纸上用木版印好了红色的字，写时依着它的笔姿，一竖一画地描着去写，这是我拿毛笔蘸墨写字的第一次，比用松树枝在地面上划着，有意思得多了。为了我写字，祖父把他珍藏的一块断墨，一方裂了缝的砚台，郑重地给了我。这是他唯一的“文房四宝”中的两件宝具，原是预备他自己记账所用，平日轻易不往外露的。他“文房四宝”的另一宝——毛笔，因为笔头上的毛，快掉光了，所以给我买了一枝新笔。描红纸家里没有旧存的，也是买了新的。我的书包里，笔墨纸砚，样样齐全，这门子的高兴，可不用提哪！有了这整套的工具，手边真觉方便。写字原是应做的功课，无须回避，天天在描红纸上，描呀，描呀，描个没完，有时描得也有些腻烦了，私下我就画起画来。

恰巧，住在我隔壁的同学，他婶娘生了个孩子。我们家乡的风俗，新产妇家的房门上，照例挂一幅雷公神像，据说是镇压妖魔鬼怪用的。这种神像，画得笔意很粗糙，是乡里的画匠，用朱笔在黄表纸上画的。我在五岁时，母亲生我二弟，我家房门上也挂过这种画，是早已见过的，觉得很好玩。这一次在邻居家又见到了，越看越有趣，很想模仿着画它几张。我跟同学商量好，放了晚学，取出我的笔墨砚台，对着他们家的房门，在写字本的描红纸上，画了起来。可是画了半天，画得总不太好。雷公的嘴脸，怪模怪样，谁都不知雷公究竟在哪儿，他长得究竟是怎样的相貌，我只依着神像上面的尖嘴薄腮，画来画去，画成了一只鹦鹉似的怪鸟脸了。自己看着，也不满意，改又改不合适。雷公像挂得挺高，取不下来，我想了一个方法，搬了一只高脚木凳，蹬了上去。只因描红纸质地太厚，在同学那边找到了一张包过东西的薄竹纸，覆在画像上面，用笔勾影了出来。画好了一看，这回画得真不错，和原像简直是一般无二，同学叫我另画一张给他，我也照画了。从此我对于画画，感觉着莫大的兴趣。

选自齐白石著《齐白石自传》，南京：江苏文艺出版社，2012.01。

梅兰芳（*1894—1961*）

名澜，又名鹤鸣，艺名兰芳。北京人，祖籍江苏泰州。中国京剧表演艺术大师，享有国际盛誉的表演艺术大师。主要作品《五花洞》《贵妃醉酒》《嫦娥奔月》《霸王别姬》《黛玉葬花》等。

祖母的回忆

◆ 梅兰芳

我在童年时代，跟一般小孩子一样，也是盼望着过新年，穿新衣，换新鞋，掷一把状元红，吃一点杂拌儿（这是北京的一种食品，用各种糖果混合做成的）。我对这些都觉得有无穷的兴趣。我记得十四岁那年，腊月初起就风雪交加，一直到二十四日才放晴。那天正是过小年，买了些鞭炮放放，大家围着我祖母坐下来吃一顿饭。从此就要料理年事，一切都要格外显得热闹了。

除夕的晚上，照例要等祭完祖先，才吃年饭。我看见供桌当中供着梅氏祖先的牌位，旁边又供了一个姓江的小牌位。这我可就不懂了。一个天真的小孩子是压不住好奇心的，我就抢着过去问我祖母："为什么姓梅的要祭姓江的？"我祖母说："这是你爷爷在世就留下来的例子。依着我的意思是不该供他的。说来话长，吃完饭再细细告诉你吧。"她说完了，我瞧她好像很难受似的。一会儿大家围着她吃年饭，她也没有往年那样高兴，我想刚才问的那句话，许是勾起她的心事来了，我深悔自己太孟浪，不该在大年三十晚上让她老人家伤感。

我是最后一个到她屋里跟她辞岁的。她看见我就说："聪明智慧！恭喜你又长了一岁。"我说："谢谢奶奶。"她脸上微带笑容，拉着我的手，叫我坐在她身旁的一张方凳上。只听得家家爆竹声响，充满了新年的气象。

她说："你也一年比一年大起来了。家里的事，你都不大清楚，趁着我还硬朗，讲点给你听听。你曾祖在泰州城里，开了一个小铺子，仿佛是卖木头雕的各种人物和佛像的。他有三个儿子，你祖父是老大，八岁就给江家做义子。江老头子住在苏州，没有儿子。起初待你祖父很好，后来娶了一个继室，也生了儿子，她就拿你祖父当做眼中钉了。

"有一天她在屋里的风炉上用砂罐炖红烧肉，你祖父偏不小心给碰翻了。幸亏没有人看见，他也不敢声张。等到大家追究起这桩事来，发现你祖父穿的鞋底上有红烧肉的卤汁，这一下子事儿就闹大了。三天三夜不给饭吃。多亏遇着江家的厨子有良心，用荷叶包了饭，偷偷地送给他吃，才算渡过了这个难关。后来有一种专买小孩子去学戏的人贩子到了苏州，江老头子先跟贩子接洽好了，就问你祖父是否愿意学戏。你祖父一口答应愿意。敢情厨子在私下早就通知他快快离开江家，要不然早晚是总得被那个女人折磨死了的。

"你祖父的运气真坏。他十一岁就从这贩子手上辗转卖给福盛班做徒弟。班主杨三喜是出名的要虐待徒弟的。从此早晚打骂，他又受尽了磨难。

"那时候带徒弟的风气正盛，打徒弟的习惯也最普遍。师父心里有了别扭，就拿徒弟出气。最可恨的是杨三喜常用硬木板子打你祖父的手心，把手掌上的纹路都给打平了，这够多么残忍啊。有一年除夕晚上，他不给你祖父吃饭，还拿一碗饭倒在地上，叫你祖父抱了他的孙子杨元，就在地下拣饭粒吃。等你祖父收了徒弟，杨元还到咱们家来教过戏。为了打徒弟，你祖父就对他说：'这儿不是福盛班，我不能看着你糟蹋别人家的孩子。干脆给我请吧！'后来杨元死在一个庙里，尸首都没有人管，还是我们家给他收殓的。

“他的第二个师父叫夏白眼。这也是个喜欢虐待徒弟的。你祖父在他那里，又挨了多少次的毒打。受的苦楚，谁听了也要不平的。

“第三个师父罗巧福，他本是杨三喜的徒弟，早就满了师。他也开门授徒。看到你祖父在夏家受的这份苦，引起了他的同情，就花银子把你祖父赎了出来，从此就在罗家安心学戏。罗巧福待徒弟非常厚道，教戏也认真，尤其对你祖父是另眼相待。一切饮食寒暖，处处当心。你祖父这才算是苦尽甘来，有了出头的希望了。

“他出台的人缘就好。从他满师出来自立门户以后，马上就派人去到家乡，接你曾祖北来同住。谁知道他离家太久了，家也不晓得搬到哪里去了。所以你祖父到死也没有找着他的父母和两个弟弟。

“你祖父跟我定亲，是在咸丰十年。因为家里只有他孤孤单单的一个人，所以我还没有过门，就先派了一个老妈子来伺候他。这位妈妈在你梅家很忠实地做了一辈子。你祖父为了酬谢她这些年的辛苦勤劳，买了一所小房子送给她。她坚决地不要。她后来死在我们家里，你祖父给她预备了一份很厚的衣衾棺木装殓了她。

“我嫁过来，他就渐渐地红起来了。最后他掌管了四喜班。别人看他当了老板，还以为他该是很舒泰的了，其实他的一生心血，就完全耗在四喜班里。全班有百十口人，都得照顾到了才行。角儿和场面还常跟他闹脾气，最使他难受的是连他一手培植出来的得意学生余紫云也常常告假不唱。幸亏时老板（小福）跟你祖父交情最好，余紫云告假，时小福就上去代唱。有一个时期你祖父为了‘国丧’停锣，亏空太多，几乎不能维持，时小福还卖了房子借钱给你祖父。

“你祖父受了场面的气，回来就对我发牢骚说：‘我一定要让咱们的儿子学场面。’事情也真凑巧，你伯父从小就喜欢音乐，他才三岁，就坐在一个木桶里，抱着一把破弦子，叮叮咚咚地弹着玩。到了八岁，你祖父问他爱学哪一门，他说：‘我爱学场面。’你祖父听了这话，正合他的心愿，高兴极了，就把北京城场面好手都请来教你伯父。我的姨侄贾祥瑞（贾三）正在四喜班做活，胡琴、笛子样样精通，又是很近的亲戚，第一个就先请他来教。所以你伯父请教过的人虽然那么多，要算贾三是他开蒙的老师。”

我听到这里，就想起了我的父亲。我这样问她：“我祖父、伯父的历史，您都讲啦，请您再讲一点我父亲的事情。”她冲我看了一眼，说：“你父亲才可怜哪，二十六岁就死啦。”我听她说话的声音也变了，脸上也在流泪了，我也忍不住一阵心酸，想哭又不敢放声哭。因为大年除夕引起她老人家过分的悲痛是不应该的。我赶快从口袋里取出一块手绢，走过去替她擦干了眼泪。我说：“您的话讲得太多了，时候也不早啦，您睡吧，留着过一天再讲给我听吧。”她说：“不，新年新岁谁说这些话。趁着今儿晚上我把它讲完了。你父亲是一个苦干苦学的忠厚老实人。他先学老生，又改小生，最后唱青衣花旦。是你祖父的戏，他都会唱。一般老听众们看不到你祖父的戏，看到他出台，就认为是你祖父的一个影子。所以他每贴你祖父唱的《德政坊》《雁门关》《富贵全》……这些戏都很能叫座。他搭的是迟家的福寿班。咱们跟迟家是亲戚。他的性情温和，班里只要有人闹脾气，告假不唱，总是请他代唱。咱们家光景不好，唱一次外串的堂会是一两银子。馆子里常排你祖父唱的本戏，又都是很累的活；他这样苦干下去，日子一长，身体就吃了亏啦。他得的是大头瘟，这种病要过人的，非常可怕。吃下药去一点都不见效，不到几天的工夫他就完啦。迟家听说他死了，赶了来跺着脚地哭他。我心里想他就是在你们班里给累坏的，现在他是死了，你们恐怕不容易再找到这么一位好说话的角儿了。”

正说着话，远远传来了几声鸡叫的声音。我抬头一望，窗户上已经发白。我站起来说：“天快亮了，您今儿可真累着啦，您请安息吧。”她说：“我这就睡了。今天我说的这些话，是要你明白，我们家在这几十年里边，总是自己刻苦来帮别人的忙。将来你要有了出息，千万可别学那种只管自己、不顾旁人的坏脾气。你该牢牢记住梅家忠厚恕道的门风。”我服侍她睡了，才悄悄地回到我的卧房。躺在床上，怎么也睡不着了。

选自梅兰芳著《梅兰芳回忆录》，北京：东方出版社，2013.02。

刘海粟（*1896—1994*）

江苏常州人，现代杰出画家、美术教育家。1912 年与乌始光、张聿光等创办上海图画美术院，后改为上海美术专科学校，任校长。1949 年后任南京艺术学院院长等。出版有《刘海粟画集》《刘海粟油画选集》《学画真诠》等。

母亲的教诲

◆ 刘海粟

我生在常州一个没落的书香门第。我的父亲刘家凤，字伯鸣，民族意识很强。他少年时代参加过太平天国革命运动，血战 6 年，受过重伤，直到义军全部覆没，才回到家中。祖母已经认不出自己的儿子，凭着手臂的痣，才看清是我的父亲。父亲终生不应科举，在故乡经商。平生急人之难，乐于帮助贫苦乡亲，颇有长者之风。临终遗命以明代衣冠入殓。叔父家麟，仅做过一任知县，却终生要人喊他“老爷”，爱摆臭架子，对仆人、佃户总是大声呵斥，声色俱厉，等级观念非常强。少年时代，我喜欢同守门人薛六的儿子祥福在一起玩。他大我三四岁，心灵手巧，会糊很漂亮的风筝。有一回，堂兄长哥哥看中了他制作的风筝，提出要换。他不大乐意，争了两句，被叔父听到，认为“以奴欺主，乱了纲常”，叫仆人把祥福吊在祠堂门前鞭打。薛六叩头求饶，我和长哥哥也为他求情，叔父却暴跳如雷，并骂我“没有出息”。这件事，使我幼小的心灵中产生了疑问：同样都是人，为什么这样不平等？从此，我对叔父非常痛恨。

10 岁前后，有一次过年，大厅里挂满祖宗遗像，全家焚香叩头，只有我行鞠躬礼，不肯跪拜。刘家麟认为大逆不道，谴责父亲溺爱不明，养痈成患，将来不可收拾。父亲淡然一笑，我未曾受到责难。

刘家麟坚决反对我学习绘画，他说：“只有五房刘寿恒那样的哑巴阿叔，才去学没有用处的恽南田派花鸟；七房的跛子是为了糊口，不登大雅之堂才去习绘事。你是个聪明孩子，应当读书做大官，荣宗耀祖！”我大胆顶了他一句：“你做了一辈子，不才当上个芝麻绿豆大的官儿么？我非学画不可，用不着你来管！”他气急败坏地说：“孺子不可教也！”父亲对这件事的反应仍然是淡然一笑。

我的母亲洪淑宜是文学家洪亮吉的小孙女。夏天，她让我坐在膝头；冬夜她坐在被窝中，将我抱在怀里，教我一句一句念唐诗。直至她老人家去世。我对这些诗也不能完全理解，只是觉得好听、有味，不很费力就记住了。

童年，母亲讲得最多的两位文艺家，便是洪北江先生及其挚友黄仲则，讲到他们生死不渝的深情，常说：“士必先器识而后文艺。器识包括人品道德，学识修养。无品而艺稍高，如杨素、刘豫工诗，蔡京、严嵩工书，钱牧斋诗文俱佳，注杜诗见解不凡，终为人品所累，见轻于士林，为人不齿。对贫苦朋友要处处关心，生养死葬，抚恤遗孤，一处想不到不算好朋友。只图自己锦衣玉食、胁肩谄笑于权贵之门，趋奉惟恐不及，忘却生灵涂炭、同胞辗转沟壑者，最可耻。生无益于人，虽生犹死。夫士人不耕而食，不织而衣，忘却吾民哺育，以能事公卿自傲者，其文艺必无足观，儿其勉乎哉！”她对祖父数千里奔丧迎葬黄景仁一事，感到无比自豪。

80 年漫长的岁月弹指一挥，我的足迹也到过日本、印尼、新加坡、印度、埃及、斯里兰卡、意大利、德、法、荷、比、英、瑞士、卢森堡、捷克、西班牙等地方，见过很多学者、艺术家、政治家、科学家，读过古今中外很多格言。惟有母亲这段誓言，深深地刻在心上，每当大的考验压到肩上时，这声音就特别洪亮、亲切。

选自全国政协文史资料委员会编《旧中国的文化教育》，合肥：安徽人民出版社，2000.12。

林风眠（*1900—1991*）

广东梅县人，著名画家、艺术教育家。历任国立北平艺术专科学校校长、国立艺术学院院长、中国美术家协会上海分会副主席。被誉为“20世纪中国美术界的精神领袖”。代表作品有《春晴》《江畔》《仕女》等。

回忆与怀念

◆ 林风眠

对一些往事的回忆与怀念，常常会在自己的艺术创作中起着激励和推动的作用。

我出生在广东梅县一个山区的石匠家庭里，儿时便当上了祖父的小助手。祖父对我非常疼爱，整天叫我守在他身旁，帮着他磨凿子、递锄头；看他在石碑上画图案、刻花样。祖父对我是抱有希望的，他叫我老老实实地继承他的石匠手艺，不要去想那些读书做官的事。他常说：“你将来什么事情都要靠自己的一双手。有了一双手，即使不能为别人做出多大好事，至少自己可以混口饭吃。”他还叫我少穿鞋子，而他自己，无论四季阴晴，都是光着脚板的。他说：“脚下磨出功夫来，将来什么路都可以走！”祖父已经去世好几十年了，在我脑子里，只能记起他盘着辫子、束着腰带、卷着裤管、光着脚板，成年累月地在一方方石块上画呀、刻呀的一些模糊的印象，然而他的那些话，却好像被他的凿子给刻进了我的心里一样，永久也磨不掉。

现在的我，已经活到我祖父当年的岁数了。我不敢说，我能像祖父一样勤劳俭朴，可是我的这双手和手中的一支笔，恰也像祖父的手和他手中的凿子一样，成天是闲不住的；不过祖父是在沉重的、粗硬的石头上消磨了一生，而我却是在轻薄的、光滑的画纸上消磨了一生。除了作画，日常生活上的一些事务，我也都会做，也都乐意做。这些习惯的养成，我不能不感谢祖父对我的训诫。

（此文发表于 1963 年 2 月 17 日《新民晚报》）

选自林风眠著《林风眠论艺》，上海：上海书画出版社，2010.01。

王朝闻（*1909—2004*）

原名王昭文，四川合江人。著名雕塑家、美学家、文艺评论家，新中国马克思主义文艺理论和美学的开拓者与奠基人之一。历任《美术》杂志主编，中国美术家协会副主席、顾问，中国艺术研究院副院长，中华美学学会会长、名誉会长，中国作协顾问。主要作品有浮雕作品《毛泽东像》《刘胡兰》等；主要论著集有《王朝闻集》22卷等。

我的自传

◆ 王朝闻

1909年旧历闰二月二十八，我出生在四川合江县农村的一个地主家庭。外祖父是个大地主，那时他家虽已处于破落境地，至少要比我家多一些可看的图画。我自幼喜爱绘画，因此，常在外祖父家赏画，特别是外祖父家饭厅里那幅壁画，上面的人马山水的结构，略像《高祖入关》或《溪山行旅》等名画，更令我着迷，常常看得发痴，有时竟忘了按礼貌去吃饭。而在我家里，能够引起我这样浓厚兴趣的美术品，实在少得可怜。我才三岁时，在川汉铁路当工程师的父亲，因病死于宜昌，他留下的一些遗物，被家人保存在楼上，其中有一部分是父亲在日本留学时用过的书籍和课本，最令我感兴趣的，是父亲学日语时，曾用过的一本带有许多插图的课本，书中有一幅画是儿童正在弄盆栽的插图，深深吸引了我，开动了我那嬉戏和好幻想的习性。平日，我和弟弟在一起，悄悄把邻居家砍下来的苦楝子树枝，搭成一个“果树林”。我们躺在“林”里玩，仰望着挂满“树林”的小小青果，仿佛觉得他们正在由小变大，由青变红，那样美丽、好看。我明知这是天真的幻想，却又乐于幻想在这么大的一个盆栽里。

除了画，雕塑对我也颇有吸引力。在离家不到一里地的庙宇里，有很多泥塑的佛像，大大小小，千姿百态，我很爱去看。现在想来，那个观音菩萨像其实雕塑得很平常。但在当时，我觉得她很温柔、慈祥、好看。外祖父家死人时，曾请艺人来扎纸房、纸人、纸马，这是农村一种送葬的风俗，他们把扎好的纸房、纸人、纸马，最后用火烧掉，以此表示对死者致哀。看着那些和真人真马一样大小的艺术品被烧掉，我觉得非常可惜。但老艺人们得心应手的本领，那扎架子、糊纸、着色、画眉点睛的精巧的制作过程，却给我留下了很深的印象，常令我在一旁看得入神。可惜自己没有当一个助手的资格，好在能从旁观察他们加工的过程，这对我来说也算是一种精神上的极大享受。光看不做不能满足自己的好奇心和兴趣。于是，回到家里，我便找些泥土，把它们做成泥模来代替木模，学着艺人的样子，在泥模外面糊上几层纸，烤干，剥下，然后画眉眼，点口唇，外加用纸做成戏装，当木偶戏玩耍。我让弟弟妹妹敲着脸盆伴奏，大家胡乱唱一通，俨然自己也就是一个艺术家了。

我自小喜欢画画，但只爱画人物。母亲放在衣柜里的川连纸，本来是让我描红用的，却常常被我偷出来当画纸用。我家死了人，按照旧风俗要做几天道场，堂屋里挂了许多水陆画，它成了我能看得到的宗教美术流动展览。我喜欢画里一些好看的人物，回到书房，总会情不自禁地按自己记忆中的形象默写起来。结果是不必听取别人的批评，也自知是离题万里的。唯一的补救之道，是乘和尚道士吃茶点，堂屋空无一人的时机，带着纸笔，按描红的方式，把纸压在画幅的局部上描画起来。自知这不是合法的行为，因此，每回这样做，吓得我心脏都好像要跳出来似的。我既怕被别人看见受到呵斥，也生怕得罪了神，怕他们一不高兴，就会在梦境里惩罚我。这种模写方法当然远不如有色彩的原作真实、美丽，但那些比默写准确得多的线描，欣赏起来要满意很多。这种对美术的格外偏爱，使我在青年时期，一度不顾贫困，两次放弃了所谓铁饭碗的职业——钱庄学徒和银行练习生，先后几次在成都的学校攻读美术系。

儿时的兴趣，不只限于美术，也包括木偶、杂技、戏剧、文学等方面。我家死人做道场时，每天晚上都可以听讲圣喻。那时，对因果报应我将信将疑，中毒并不深。最令我感兴趣的是那些故事里人物的种种不幸遭遇，那些好人受苦受难的悲惨身世，他们有冤无处申诉的痛苦，使我听了为他们的痛苦而深感同情和痛苦。为什么还不满十岁的孩子，会格外同情故事中那些受难者呢？看来多半是在我的实际生活里，也不断接触到受难者的缘故。单说我母亲那个陪嫁的丫头，就是一个想起来便叫人难过的受难者。她比我只大十岁，却担任了做饭、洗衣、看孩子等繁重的家务劳动。我那自己处境不愉快的母亲，有时还要拿这个名叫腊梅的丫头出气。打破东西分明是我和弟弟淘气造成的，她却偏偏要受到对我们管教不严的责骂。有一次，她带着怨气给我换衣服时，不小心使我的左臂脱了臼，结果，她被我母亲狠狠地揍了几下子，仿佛怪她是故意要折磨比她高兴的“大少”。……当然这些许许多多令人同情的受难者的生活和故事，并不是促使我后来倾向革命思想的唯一的原因。我参加革命，主要是后来受同学和朋友革命思想的影响，受五卅惨案、军阀混战，以及生活贫困等现实的教育，这些迫人深思的现实，促使我追求改造社会的共产主义理想。但也不能否认，促使我走向革命，特别是终于走上革命文艺的这条道路，也包括上述儿时生活这些历史因索。

生活在偏僻乡村的娃娃，平时碰不上金钱板和道情这些城镇才有的民间艺术。间或有机会看到的，是一个人挑担下乡演出的木偶戏。在春节，能看到狮子灯、龙灯、孙猴子爬高竿，这些欣赏对象，对我自然很有魅力。但在平日却不能，只能从母亲、姐姐、李四姐（腊梅）那里接触到口头民间文学。他们常常给我讲故事，有时也念点圣喻本子或小说给我听，有时还讲些鬼的故事。她们讲鬼，有时附加声明，说她们讲的是真人真事，不是虚构编造的故事。那时，我还是个十几岁的孩子，听到这些鬼的故事，既害怕，又入迷，怕得有时伏在姐姐的怀里，听完一个却又要求她们再讲一个。她们一向希望我好好上学念书，长大了有个职业以免饿肚子。可是她们怎么也没预料到，给我讲故事，读小说，反而使我不愿好好地静下心来学习有用的数理化，而爱看小说，耽误了她们所望的前程。后来当我识字渐渐多起来，能粗略地阅读一些《西游记》《三国演义》《封神演义》等这类小说后，就更加酷爱文学。有时为了逃避家人的眼睛，就把戴罩的小油灯点在被窝里，瞒着母亲看个通宵。看完长篇还不满足，还要抱怨它写得太短。我的五叔一心要把我培养成银行职员，但他也犯了个错误，不知道为什么，在我上小学时，他送了我一本莫泊桑短篇小说中译本，使我有机会又接触到了外国文学，开阔了视野，这，更增加了我不求“上进”而爱好文艺的兴趣。

父亲死后，家里生活一直很拮据，1925 年春，这年我十六岁，考入了泸县县立中学，但却是向亲戚借了学费才去成的。这时我的绘画已有了很大的进步。除此之外，我也开始热衷于阅读《小说月报》等新书刊，从中知道了不少的革命知识和道理，还参加了社会上的进步社团——春晓社，并为该杜壁报写稿，还经常和进步同学一起，参加反帝爱国运动以及工人夜校教课等活动。在中学里，我本想好好读书，结果和家长以至自己的愿望相违，大约只上了一年半，由于我在课堂上偷看《小说月报》一类的书刊，被学校五次挂牌警告，先后给我记了五次小过。这样，不等再记四次小过（九次小过等于三大过）而遭到开除学籍的处分，我就自动退学了。

我的经历表明：儿时的生活影响了我的未来，青少年时期朋友的影响大于老师。

选自杨扬等编《二十世纪名人自述——艺人自述》，杭州：杭州大学出版社，1998.02。

关山月（1912—2000）

原名关泽霈，1912 年生于广东阳江。著名国画家、教育家。岭南画派代表人物。中国美术家协会副主席、常务理事，广东省文联副主席，广东省美术家协会副主席。代表作品《江山如此多娇》《俏不争春》《绿色长城》等。

绘事话童年

◆ 关山月

一

我生长在穷乡僻壤的小村子，从小就喜欢涂鸦。家门口的晒谷场，就是我的大画板；随手拾来的木炭瓦片，就是我的画具。见鸡画鸡，见狗画狗，我曾在晒谷场上画过牛耕田，画过牵长线放纸鹞。

我的哥哥和一位堂叔会画炭相，但我觉得黑漆的炭像不好看。一次弄来一小块他们画炭像用的“飞马纸”，便想用这块洁白的洋纸画一只大雄鸡。春节刚过，家家户户都贴有红对联，于是我冒着风险撕下邻舍的一块红纸，企图泡出点红颜色用来画雄鸡的鸡冠。此外，我还发现水瓜叶可以挤出绿色汁液；妈妈上山砍柴时又求她为我摘回一些当黄色用的栀子；有时为了要画多种颜色的花纸鹞，又用土块和石头磨出各种各样色彩的粉末当颜料。

我家是所谓书香世代的破落户，家里有个破败的小花园。家乡叫果园村，我小时候村里到处都是花果树，其中有两人合抱不过的波萝蜜、人面果。在我家花园里还有百年荔枝树和两棵古白梅，父亲还手植了不少幽兰与修竹，园门口的夜兰花棚悬挂着一副竹刻的对联："为室因树；补屋牵萝"。父亲读书会客的小书舍，就盖在荔枝树的旁边。总之，破旧的环境还十分雅致，书香、诗味和画意都很浓。

父亲虽然没有赶上考科举，但却是一位有文学修养的小学教师。他曾写过不少诗，也会画几笔梅、兰、菊、竹四君子为题材的文人画。在我八九岁的时候，才跟随着父亲念书，他在哪里应聘，我就在哪里就读，最远的两处地方我记得是小渔港溪头镇和奋兴小学所在的织篢圩。

在奋兴小学念书的时候我已十一二岁了。当时随父亲住在小房间里，见他画画时我也偷偷地临仿，可是他一见我画画就骂我没出息，生怕我分心读不好书；课余便规定我学对对联，把上句交给我，限时要对出下句，这是有意防止我沉迷于画。

也许是校方对我父亲的照顾，叫我从父亲的房子里搬出来，和一位姓卓的同学住在另一小室，没想到这位同学受了我的影响，也对画画着了魔。当时经常有一个书贩来学校卖书，这位同学偶然从那里买到一本《芥子园画谱》，我第一次见到这本画谱如获至宝，两人便如饥似渴、废寝忘餐地临摹。不多久，贴满一室都是我们的画。在这之前，我曾收集过无数的香烟盒里的小画片，内容大都是《三国演义》《水浒传》的人物绣像画。记得有一次我哥哥从广州寄回来一盒月饼，饼盒上有一幅芭蕉美人图，这在当时都是我的命根子，都是我的启蒙老师。这些之外，我还临摹过门神，甚至描摹过中国分省的地理图。

当我刚读完初小，父亲失业了，我也就失了学。靠公尝资助的学费，我才跑到离家十多里路的平岗圩读高小，住在祖父那里。寒暑假和星期天要回家帮帮工或帮母亲照看双胞胎的小弟弟，也有机会观摩堂叔和哥哥画炭像，并学会了画炭像的放大术，后来画起炭像来甚至被人认为强过堂叔和哥哥，因此也有人请我画帐眉与门帘，在近里还有点小名气。于是，亲朋戚友就把画炭像的画具送来，求我按照片放大画他们的祖先；请我画帐眉、门帘的又送来了白竹布、笔墨颜料——因为他们都知道我当时最缺乏的是画具，无钱去买却消耗又多；这样一来什么都解决了，相对地只觉得时间不够用，读书是绝不能放松的，只好把应承下来的画集中于假期和星期天完成。当熟络的赞扬声不断传入父亲的耳朵后，他也不再骂我没出息了，这就愈加坚定了我最初的信念：画画并不能像父亲那样去理解，是没有出息的玩意儿。

三

在我的创作实践中，说不清曾画了多少以梅花为题材的作品。有人问我为什么画这么多梅花，我只好答因为喜欢它。若再问为什么喜欢它，那根子也只好追溯到我的童年。

记得我家花园里那两棵古白梅，是名贵的品种，花是双瓣的，枝很壮，香很清，引得许多爱梅的亲友纷纷来接枝。这两棵白梅分植到了不知多少去处，狮子山麓的关村小学附近就由我父亲亲手分植了数十株。原来父亲不但会画梅花，而且是一个梅树接枝的能手；我往往带着好奇心在旁观察他接枝的手艺，有时还做起小助手来，于是我也学会了梅树接枝。当我第一次见到自己亲手接枝的小梅树发花时，内心曾经有过说不出的高兴，但还没有产生画它的兴趣。及至到了织篢圩奋兴小学念书时，那附近有座古庙叫做普济堂，种有几十棵成林的古白梅。碰上开花季节，我跟随父亲和几位老师到那里去赏梅。庙里的老和尚出来殷勤领带和热情招呼，并分送折枝梅花给每个人带回去插瓶子。我当然也不例外地沾了这份光，如获至宝地拿着这枝白梅花，小心翼翼地珍护着，回到学校用小花瓶把它插起来，这才萌生了要把它画下来的念头。经过细致的观察，我先用铅笔双钩，然后用毛笔填上墨线，这一枝梅花竟成了我的第一次花卉写生课的好老师，从此我便和心爱的梅花结上了不解之缘。

我对梅花偏爱的感情，也是深植于父亲教给我的诗词、歌赋的课业中的。梅花“傲雪”、“凌寒”、“冷艳”的高标逸韵，我自小就从背诵“梅花香自苦寒来”、“梅花雪里见精神”、“老梅又报一年春”等诗句中有所领会。这些少小铭心的诗情往后一直增添着我写梅的画兴。在外地旅行时，如果哪里有梅花又碰到开放季节，我总想去观赏一番，进行写生并作一些必要的记录。特别是每到杭州，总想去西湖孤山看看林和靖处士植梅养鹤的地方。1976 年我访问日本时，作家井上靖曾陪我去赏梅，两人就在一棵卧龙梅下拍过纪念照片。

选自黄小瘐选编《关山月论画》，郑州：河南美术出版社，1991.07。

启功（1912—2005）

著名书画家、文物鉴定家、著名教育家、古典文学家、国学大师。曾任北京师范大学教授、故宫博物院顾问、国家文物鉴定委员会主任委员、中国书法家协会主席、中国佛教协会常务理事等职。著《古代字体论稿》《诗文声律论稿》《启功丛稿》《论书绝句百首》等，出版《启功书画留影集》等。

入学前后

◆启　功

我十二岁才入正规的小学，但这不等于说我十二岁才学文化。我的启蒙老师是我的姑姑和我的祖父。

我对姑姑非常尊敬，旗人家没出嫁的姑娘地位很高，而我姑姑又决心终身不嫁，帮助我的寡母抚养我，把自己看成支持这个家的顶梁柱、男人，所以我一直管她叫爹爹。作为家长，她明白，要改变我和我家里的窘状，首先要抓对我的教育和培养，使我学有所成。我姑姑虽然没有太高的文化，但还是想尽一切办法，尽力教我一些简单的知识，比如把常用字都写在方寸大的纸片上，一个个地教我读写，有如现在的字卡教学，虽然不十分准确，但常用字总算都学会了。

我的祖父特别疼爱我，他管我叫“壬哥”。我从小失去父亲，所以他对我的教育格外用心。我祖父的字写得很好，他又把常用字用漂亮标准的楷书写在影格上，风格属于欧阳询的九成宫体，我把大字本蒙在上面，一遍一遍地描摹，打下了日后学习书法的基础，这些字样我现在还留着。他还教我念诗。至今我还清楚地记得他用一只手把我搂在膝上，另一只手在桌上轻轻地打着节拍，摇头晃脑地教我吟诵东坡《游金山寺》诗的情景：

我家江水初发源，宦游直送江入海。
闻道潮头一丈高，天寒尚有沙痕在。
中泠南畔石盘陀，古来出没随涛波。
……
江山如此不归山，江神见怪警我顽。
我谢江神岂得已，有田不归如江水！

他完全沉醉其中，我也如此，倒不是优美的文辞使我沉醉，因为我那时还小，并不理解其中的含义，我祖父也不给我逐句逐字地解释，但那抑扬顿挫的音节征服了我，我像是在听一首最美丽、最动人的音乐一样，这使我对诗产生了浓厚的兴趣。如果说我日后在诗词创作上取得了一定成绩，那么，可以说是诗词的优美韵律率先引领我走进了这座圣殿。当然随着学历与阅历的增加，我对这样的诗也都有了深刻的理解，所以这些诗我至今仍能倒背如流。祖父所选的诗有时显然带有更深的寓意。我记得他教我读过苏轼的《朱寿昌郎中，少不知母所在，刺血写经，求之五十年，去岁得蜀中，以诗贺之》：

嗟君七岁知念母，怜君壮大心愈苦。
羡君临老得相逢，喜极无言泪如雨。

不羡白衣作三公，不爱白日升青天。

爱君五十著彩服，儿啼却得偿当年

……

这首诗后面还有很多典故，前面的这些描写与我的具体情况也不尽相合，但祖父的用心是非常明显的，我也是十分清楚的，就是叫我从小知道当母亲的不易，应该一直热爱母亲。这样的诗，我怎敢不终身牢记呢？

还有对我产生深刻影响的，就是他经常让我看他画画，我至今还清楚地记得当时的情景和感触：他随便找一张纸，或一个小扇面，不用什么特意的构思安排，更不用打底稿，随便地信手点染，这里几笔，那里几笔，不一会儿就画好一幅山水或一幅松竹。每到这时，我总睁大眼睛，呆呆地在一旁观看，那惊讶、羡慕的神情，就像所有的小孩子看魔术表演一样，吃惊那人活人是怎么变出来的？在我幼小的心灵里，我觉得这是一件最令人神往、最神秘的本领。因此从小我就萌发要当一个画家的想法。我想，能培养人的兴趣，激活人的潜质，激励人的志向的教育才是最成功的教育。我虽然没有直接跟我祖父学绘画的技巧和笔法，但我学到了最重要的一点——爱好的发现，兴趣的培养，这是最重要的，这就足够了。

选自启功口述，赵仁珪、章景怀整理《启功口述历史》，北京：北京师范大学出版社，2004.10。